내가 만난 책, 그리고 삶

내가 만난 책, 그리고 삶

초판 1쇄 발행 2025년 5월 1일

지은이 이희택
펴낸곳 드림위드에스
출판등록 제2021-000017호

교정 김일권
편집 양수미
검수 양수미
마케팅 위드에스마케팅

주소 서울특별시 강남구 학동로 165, 2층 (신사동)
이메일 dreamwithessmarketing@gmail.com
홈페이지 www.bookpublishingwithess.com

ISBN 979-11-92338-79-8(03810)
값 15,000원

- 이 책의 판권은 지은이에게 있습니다.
- 이 책 내용의 전부 또는 일부를 재사용하려면 반드시 지은이의 서면 동의를 받아야 합니다.
- 잘못된 책은 구입하신 곳에서 바꾸어 드립니다.

책을 통해 찾은 삶의 좌표

내가 만난 책, 그리고 삶

이희택 지음

드림위드에스

저자의 말

　이 책은 내가 살아오면서 읽었던 책들에 대한 기록이다. 정보통신 분야의 최전선에서 일하며 빠르게 변화하는 세상을 살아가는 동안, 나의 삶의 좌표를 찾기 위해 인문학 서적을 읽기 시작했다. 현대 사회는 끊임없이 변하며, 그 속도는 때때로 우리를 길을 잃게 만든다. 이러한 혼란 속에서 나의 내면을 돌아보고, 진정한 나의 가치를 발견하는 데 인문학 서적이 큰 도움이 되었다. 책은 단순한 지식을 넘어 삶의 깊이를 더해주는 소중한 자원이 되었다.

　책을 통해 얻은 교훈과 통찰력은 내가 겪었던 많은 도전과 역경을 극복하는 데 있어 큰 힘이 되었다. 나는 이 책들을 통해 나 자신을 이해하고, 더 나은 사람이 되기 위해 노력하는 방법을 배웠다. 또한, 이 책들은 내가 일상 속에서 겪는 작은 문제들부터 인생의 큰 질문들까지 다양한 문제들에 대해 깊이 생각할 수 있는 기회를 제공했다. 그 과정에서 나는 많은 깨달음을 얻었고, 그것들은 내 삶의 중요한 이정표가 되었다.

　이러한 소중한 경험과 깨달음을 나 혼자만 간직하기에는 너무 아깝다는 생각이 들었다. 그래서 나는 내가 만난 책들과 그 책들이 나에게 준 깨달음을 자녀들에게 전하기 위해 독서 노트를 쓰기 시작했다. 이 독서 노트는 단순한 기록이 아닌, 자녀들이 앞으로의 삶을 살아가면서 도움을 받을 수 있는 지침서가 되기를 바라는 마음에서 시작되었다. 나의 경험과 배움을 공유함으로써 그들이 조금 더 나은 선택을 할 수 있도록 돕고 싶었다.

　이 책은 그 독서 노트를 정리한 결과물이다. 내가 읽은 책들, 그 속에서 발견한 지혜와 교훈, 그리고 그것들이 내 삶에 어떤 영향을 미쳤는지에 대한 이야기를 담고 있다. 일부 책에서는 내면을 일깨우는 '도끼' 같은 문장들을 필사하여 덧붙였고, 마지막에는 참고 문헌과 함께 추천 도서도 소개했다. 책 한 권 한 권이 나에게 준 감동과 영감이 독자들에게도 전해지기를 바라며, 이 책이 여러분의 삶에 작은 등불이 되기를 바란다. 책을 읽는 동안 나의 경험이 여러분에게 조금이라도 도움이 되기를 바라며, 이 책이 여러분의 내면을 깊이 있게 바라보는 계기가 되기를 진심으로 소망한다.

목차

저자의 말   4

1장 시작하며
독서의 여정: 기술과 인문의 만남   12
책을 통해 찾은 나의 좌표   13
1. 책을 통해 배움을 지속하라:『오직 독서뿐』   15
2. 독서를 통해 삶을 다듬다:『나는 읽는다』   19
3. 광화문 글판에 담긴 희망과 사색:『광화문에서 읽다 거닐다 느끼다』   21

2장 존재의 무게: 우리의 삶에 깊이를 더하는 사유
1. 가벼움과 무거움의 균형을 찾아서:『참을 수 없는 존재의 가벼움』   26
2. 모든 미생들에게 보내는 응원:『미생』   29
3. 정의에 대한 철학적 질문, 그리고 해답 찾기:『정의란 무엇인가』   32
4. 침묵 속에 묻힌 계급 이야기:『계급에 대해 말하지 않기』   35
5. 철학적 주제를 쉽고 체계적으로 풀어낸 안내서:『철학의 진리나무』   38
6. 젊은이들의 정의로운 저항:『아무도 미워하지 않는 자의 죽음』   41
7. 삶과 죽음 사이에서의 치열한 결단과 선택:『칼의 노래』   44
8. 자유와 인간 본질에 관한 탐구:『그리스인 조르바』   47
9. 인간에 대한 깊고 끝없는 사유:『감옥으로부터의 사색』   50

3장 인생의 의미를 찾아서: 길 위의 발견과 삶을 바꾸는 깨달음

1. 너의 인생에도 도끼가 되는 책을 만나기를:『책은 도끼다』 56
2. 인문학의 통찰을 삶에 녹여내기:『인간이 그리는 무늬』 59
3. 철학의 실천적 의미를 찾아서:『철학하는 김과장』 63
4. 행복을 향한 새로운 질문:『사표의 이유』 66
5. 소금의 맛으로 삶을 이해하다:『소금』 69
6. 유한함 속에서 삶의 의미를 찾다:『우리는 언젠가 죽는다』 72
7. 내 마음과 삶의 주인이 된다는 것:
   『매달린 절벽에서 손을 뗄 수 있는가?』 75

4장 사회적 동물: 관계 속의 인간

1. 다른 사회와의 만남을 통한 관용의 발견:『나는 빠리의 택시 운전사』 80
2. 시장의 가치와 도덕성에 대한 질문:『돈으로 살 수 없는 것들』 82
3. 억압과 방황 속에서 성장하는 청춘의 초상:『수레바퀴 아래서』 85
4. 질병 속에서 드러나는 인간의 본질:『페스트』 88
5. 두 개의 거울로 비추어 본 사회:『악역을 맡은 자의 슬픔』 91
6. 프레임과 언어가 결정짓는 사고와 행동:『코끼리는 생각하지 마』 93
7. 과거와 현재를 잇는 기적 같은 이야기:『나미야 잡화점의 기적』 95
8. 자유와 권력의 균형에 대한 깊은 탐구:『자유론』 97
9. 전쟁과 고통을 바라보는 우리의 시선:『타인의 고통』 100
10. 인간관계와 사회 구조의 깊이에 관하여:『연을 쫓는 아이』 103

5장 배움의 지혜: 지식과 경험의 융합

1. 지식인의 역할과 책임:『지식인을 위한 변명』　　　　　108
2. 문학으로 세상을 바꾸려 하던 의지:『아Q정전·광인일기』　　110
3. 책 속에 담긴 삶과 이야기:『내 인생 한 권의 책』　　　　112
4. 과학으로 읽는 세상의 원리:『정재승의 과학 콘서트』　　115
5. 지적 생활이란 무엇인가:『지적생활의 발견』　　　　　　118
6. 학문과 사유의 넘나듦:『탐독』　　　　　　　　　　　　120
7. 과학과 철학의 조화로 자유를 꿈꾸다:『김상욱의 과학공부』　122

6장 역사와 함께: 과거를 통해 미래를 읽다

1. 왕릉, 그 속에 담긴 역사와 이야기:『조선왕릉 잠들지 못하는 역사』　126
2. 문화와 역사를 통해 되새기는 삶의 의미:『나의 문화유산답사기』　128
3. 역사 속 귀족들의 삶을 엿보다:『귀족의 은밀한 사생활』　　131
4. 자본주의의 역사와 사회주의의 의미:『자본주의 역사 바로 알기』　134
5. 나무와 함께 돌아본 계절과 인생:『역사와 문화로 읽는 나무사전』　136
6. 화려한 역사 속 사랑과 갈등의 미스터리:『내 이름은 빨강』　139
7. 미국, 그 깊고 진한 영향력의 뿌리:『아메리카나이제이션』　141
8. 한국, 일본, 그리고 우리 자신을 돌아보며:『한국, 한국인 비판』　143
9. 우리의 발자국은 어디로 향하는가:『백범일지』　　　　　145
10. 100년 전 외국인의 눈에 비친 한국, 그리고 지금 우리:
　　『한국과 그 이웃나라들』　　　　　　　　　　　　　148

7장 아이에게: 다음 세대를 위한 메시지

1. 지루함에 안주하지 않는 삶: 『지루한 사람과 어울리지 마라』   152
2. 교단에서의 작은 몸부림: 『아주 작은 것을 기다리는 시간』   154
3. 책들의 무덤에서 펼쳐지는 이야기: 『바람의 그림자』   157
4. 어린 왕자와 함께 걷는 어른의 마음 여정: 『어린 왕자』   159
5. 아이처럼 순수하게, 어른처럼 깊게: 『나의 라임 오렌지나무』   162
6. 상처와 치유의 이야기: 『스피릿 베어』   165
7. 세대를 이어가는 사랑: 『나의 딸의 딸』   168

8장 미래를 위하여: 새로운 시작의 준비

1. 존재(存在)와 부재(不在)의 경계에서: 『우주의 구멍』   172
2. 경이로움 그 자체, 우주: 『코스모스』   175
3. 하루 속에 담긴 인생: 『빛의 걸음걸이』   178
4. 눈 뜬 장님이 되지 않기 위해: 『눈먼 자들의 도시』   180
5. 바다, 그 심연에 대한 탐사 기록: 『우리를 둘러싼 바다』   182
6. 물질적 안정이 아닌 진짜 삶의 의미: 『빅 픽처』   184
7. 새로운 비전을 향한 도전: 『유러피언 드림』   186
8. 창조적 자기중심주의자의 시대: 『보보스』   189
9. 상상할 수 없는 미래를 준비할 지혜: 『유엔미래보고서 2045』   191

에필로그   194
참고 문헌   197
추천 도서   201

독서의 여정: 기술과 인문의 만남
책을 통해 찾은 나의 좌표
1. 책을 통해 배움을 지속하라: 『오직 독서뿐』
2. 독서를 통해 삶을 다듬다: 『나는 읽는다』
3. 광화문 글판에 담긴 희망과 사색: 『광화문에서 읽다 거닐다 느끼다』

1장
시작하며

독서의 여정: 기술과 인문의 만남

하루가 다르게 발전하는 인공지능(AI), 정보통신, 로봇, 항공우주 기술 등은 우리 삶을 더욱 편리하게 만들지만, 동시에 인간의 가치와 존재 의미에 대한 새로운 질문을 던진다. 기술이 고도화될수록 우리는 더 효율적인 세상을 꿈꾸지만, 그 속에서 인간다운 삶을 유지하기 위한 성찰은 더욱 절실해지고 있다.

이러한 성찰의 과정에서 독서는 중요한 역할을 한다. 정민의 『오직 독서뿐』에서 강조하듯, 독서는 단순한 행위를 넘어 세상을 바라보는 태도이며, 문정우의 『나는 읽는다』에서도 삶을 구성하는 본질적인 요소로 다뤄진다. 광화문 글판의 짧은 문장들이 깊은 울림을 주듯, 한 권의 책이 우리 삶에 미치는 영향 역시 결코 가볍지 않다.

그럼에도 우리는 기술과 인문을 종종 대립적인 개념으로 바라본다. 기술은 차갑고 논리적이며, 인문은 따뜻하고 감성적이라는 인식이 일반적이다. 그러나 이러한 이분법적 사고는 우리 삶을 깊이 있게 성찰하는 데 오히려 장애가 될 수 있다. 예를 들어, 금속 활자 인쇄술은 책의 대량 생산을 가능하게 하여 인문학적 사고를 널리 퍼뜨리는 계기가 되었고, 인터넷과 지식 공유 문화는 위키피디아와 같은 플랫폼을 통해 누구나 정보를 생산하고 나눌 수 있는 환경을 만들어, 기술이 인문적 가치를 확산하는 데 기여할 수 있음을 보여준다.

이처럼 기술과 인문은 겉으로는 분리된 영역처럼 보이지만, 오랜 시간 동안 서로를 보완하며 함께 발전해 왔다. 비록 인문학이 직접적인 기술적 해법을 제시하지는 않지만, 기술이 지향해야 할 방향과 가치를 고민하게 만든다. 이런 관점에서 인문학 독서는 내가 기술의 의미를 다시 조명하고, 삶의 목적에 대해 깊이 고민하는 계기가 되었다.

책을 통해 찾은 나의 좌표

우리는 살아가면서 수많은 선택의 기로에 서게 된다. 어디로 나아가야 할지, 어떤 선택이 옳은지 확신할 수 없는 순간들이 있다. 기술이 발전함에 따라 선택의 폭은 넓어졌지만, 그것이 반드시 더 나은 삶을 보장하는 것은 아니다. 오히려 우리는 때로 방향을 잃고 헤매기도 한다.

SNS와 같은 온라인 공간에서는 많은 사람과 쉽게 소통할 수 있지만, 정작 진지하게 마주 앉아 대화할 사람을 찾기는 어려운 경우가 많다. 나 역시 정보통신 분야에서 일하면서 빠르게 변화하는 환경 속에서 방향을 잃지 않기 위해 노력해 왔다. 그 과정에서 확신한 것은 책을 가까이 하는 것이었다.

책을 읽는다는 것은 세상을 바라보는 또 하나의 창을 열고, 타인의 사유를 빌려 나의 생각을 확장하는 과정이다. 문학을 통해 인간의 감정을 이해하고, 역사 속에서 현재를 읽으며, 철학을 통해 더 나은 미래를 고민할 수 있었다. 책들은 단순한 과거의 기록이나 지식의 집합체가 아니었다. 그들은 끊임없이 나에게 질문을 던지며 새로운 시각을 열어 주었다.

책을 읽을 때마다 나는 새로운 시각을 얻었고, 그 시각들이 모여 나만의 좌표를 그려나가는 데 도움을 주었다. 동시에 내면을 탐색하고, 가치관을 정립하며, 앞으로 나아갈 방향을 찾을 수 있었다. 책을 통해 찾은 나의 좌표는 결코 고정된 것이 아니다. 삶의 경험과 독서가 쌓일수록 좌표는 계속해서 변화하고 확장될 것이다. 책 속에서 길을 찾고, 자신만의 좌표를 그려가는 기쁨을 함께 나눌 수 있기를 기대한다.

1. 책을 통해 배움을 지속하라: 『오직 독서뿐』(정민)

아들아, 오늘도 스마트폰에 태블릿에 PC까지 모두 사용해 가면서 정보를 찾아서 주어진 문제를 해결하려는, 분주한 너의 모습을 보니 이 책을 너에게 소개해 주고 싶구나. 정민 선생님의 『오직 독서뿐』이라는 책인데, 말 그대로 독서에 대한 깊이 있는 통찰을 담고 있어. 우리 시대에는 독서가 삶의 일부였지만, 지금은 여러 정보 매체에 밀려 책을 읽는 시간이 점점 줄어드는 것 같아. 이 책은 옛 선인들이 어떻게 책을 통해 삶을 다듬고, 자녀를 가르치고, 세상과 소통했는지에 대해 잘 설명하고 있단다.

책 한 권 구하는 것이 지금처럼 쉬운 일이 아니었던 시절, 천자문 책 한 권을 구하는 게 쌀 한 섬을 구하는 것보다 더 어려웠다고 해. 그만큼 책을 소중하게 여겼고, 책을 통해 자녀들에게 삶의 가르침을 전했어. 지금과는 달리 그들에게 책은 지식 습득을 위한 정보의 원천이 아니라, 인생을 배우고 스스로를 성찰하는 도구였던 거지. 우리는 지금 너무나 쉽게 책을 접할 수 있지만, 그 소중함을 잊고 있는 것은 아닌가 생각하게 됐어.

이 책은 옛 선비들이 독서와 글쓰기를 통해 어떻게 자신의 삶을 다듬고, 후손들에게 어떤 가르침을 주었는지 잘 보여주고 있어. 예전의 선비들은 책을 읽고 난 후 단순히 내용을 습득하는 것에서 그치지 않았어. 그들은 독서를 통해 끊임없이 생각하고, 그 생각을 글로 남기고, 편지로 서로의 의견을 주고받으며 더 깊이 있는 학문적 논의를 이어갔지. 독서가 삶의 일부였고, 글쓰기는 그 배움의 연장이었어.

 책을 통해 자신을 성찰하고, 세상을 이해하려는 노력은 그들의 삶에서 중요한 부분이었단다. 지금처럼 빠른 정보 교류가 없던 시절, 그들은 책을 통해 세상을 이해하고, 삶의 본질을 고민했어. 이런 모습들을 보면서 나 역시 책을 통해 다시금 내 삶을 돌아보게 되었어. 우리가 너무 쉽게 지나치는 일상 속에서, 정작 중요한 것은 무엇인가를 생각하게 되더구나.

 책을 읽으면서 나는 요즘 시대에 우리가 놓치고 있는 것이 무엇인지에 대해 고민하게 되었어. 요즘 책이 너무 쉽게 얻을 수 있는 물건이 되어버려, 그 소중함을 잊어버리고 있는 것은 아닐까 하는 생각이 들었지. 가끔 책을 버리거나 분리수거하는 모습을 보면 마음이 조금 불편해. 책이 단순한 물건으로 전락한 것 같기도 하고, 그 안에 담긴 지혜와 가르침이 함께 버려지는 것은 아닌가 하는 생각이 들어서 말이야.

 우리는 종종 쓰레기통 앞에서 고민을 해. 이 책을 정말 버려야 할까? 아니면 나중에라도 다시 읽어봐야 할까? 이런 고민을 하면서 나는 '내가 버리려는 것이 과연 필요 없는 것인가?'를 자주 생각하게 돼. 책을 읽는다는 것은 단순히 정보를 습득하는 것이 아니라, 그 안에 담긴 철학과 경험, 지혜를 우리 삶에 적용하는 과정이라고 생각해. 책이 분리수거의 대상이 되었다 해도, 그 안에 담긴 메시지는 여전히 우리에게 유효한 것이 많을 거야.

열심히 사회생활을 하고 있는 너에게 꼭 해주고 싶은 말이 있어. 바쁜 일상 속에서 책을 읽는 시간이 줄어들 수 있겠지만, 책이 주는 가르침은 아직도 우리에게 중요하다는 것을 잊지 않았으면 해. 독서는 일반적인 취미 이상의 의미가 있어. 그 안에 담긴 다양한 사람들의 생각과 경험을 통해 너의 삶을 더욱 넓게 바라볼 수 있을 거야. 책 속에 담긴 이야기는 너에게 더 깊은 통찰과 배움의 기회를 제공할 거야.

앞으로도 책을 가까이하며 꾸준히 배워나가길 바란다. 내가 너에게 이 책을 소개해 주고 싶은 이유는, 단순히 책을 읽으라는 이야기가 아니라, 그 안에서 무엇을 배우고 어떻게 너의 삶에 적용할 것인가를 고민해 보라는 뜻이야. 책은 그 자체로 하나의 세상이자, 너에게 새로운 시각을 열어줄 열쇠가 될 수 있어.

그리고 하나 더. 앞으로도 책을 소중히 여겼으면 좋겠다. 아빠도 한때는 책을 쉽게 버리곤 했지만, 이제는 다시 한번 생각하게 되었어. 책 한 권에도 누군가의 삶과 지혜가 담겨 있고, 그 안에 우리가 놓치지 말아야 할 중요한 가르침이 있을 수 있거든. 그 가르침을 놓치지 않기를 바라는 마음이야.

정민 선생님의 『오직 독서뿐』은 독서의 소중함을 다시금 일깨워 주는 책이었단다. 이 책을 통해 너도 책과 함께하는 삶 속에서 많은 것을 배우고, 더 나은 방향으로 나아가기를 바라는 마음에서 이 글을 남긴다.

> 허균 (책을 읽는 이유)
> 천하의 일은 이로움과 해로움이 반반인데
> 온통 이롭고 작은 해로움도 없는 것은 책뿐이다.
>
> 양응수 (의심하는 것이 공부)
> 독서는 의심이 없는 것에서 의심을 일으키고
> 의심이 있는 것에서 의심이 없게 만들어야 한다.

2. 독서를 통해 삶을 다듬다: 『나는 읽는다』(문정우)

문정우의 『나는 읽는다』는 책 읽기를 통해 얻은 삶의 깨달음과 즐거움을 풀어낸 작품이다. 저자는 다양한 상황에서 읽은 책들을 바탕으로 고민을 정리하고 답을 찾아가는 과정을 진솔하게 기록했다. 이 책의 특징은 독자에게 독서의 즐거움을 재발견하게 하면서도, 읽은 내용을 자신의 삶과 연결 짓는 방식을 자연스럽게 보여준다는 점이다. 책의 부록으로 실린 100여 권의 목록은 저자가 독서를 통해 얻은 영감과 깊이를 엿보게 한다.

이 책에서 가장 인상적이었던 것은, 저자가 책을 읽는 것에 그치지 않고 이를 정리하고 자신의 삶에 적용하려는 태도였다. 상황에 맞는 책을 선택해 읽고, 고민과 연결 지어 내용을 정리하는 방식은 책 읽기의 새로운 방법을 제시한다. 특히 부록에 실린 100여 권의 목록은 나 역시 선별해 읽고 싶은 마음을 불러일으켰다. 이런 체계적이고 실용적인 접근은 독서를 취미가 아닌 삶의 중요한 도구로 활용할 수 있음을 보여준다.

이 책을 통해 나도 독서의 방식을 바꾸고 싶다는 생각이 들었다. 저자처럼 책을 읽고 감상에만 머무는 것이 아니라, 내용을 기록하고 나만의 방식으로 재구성해 보고 싶다. 또한 부록에 나온 책들을 선별해 읽으며, 그 책들이 내 삶에 어떤 영향을 줄지 탐구하고 싶다. 앞으로의 독서는 지식의 축적과 더불어, 내 삶과 고민을 정리하는 실질적인 도구가 될 것이다.

> 우리는 타인의 미소 속에서 비로소 행복해지는
> 본연의 모습을 잃은 탓에 불행하다.
> 우리가 만들어가야 할 것은 '내 꿈이 이루어지는 나라'가
> 아니라 '네 꿈이 이루어지는 나라'이다.
> 그래야 비로소 희망이라는 걸 가질 수 있다.

3. 광화문 글판에 담긴 희망과 사색:『광화문에서 읽다 거닐다 느끼다』(광화문글판 문안선정위원회)

광화문글판 문안선정위원회의『광화문에서 읽다 거닐다 느끼다』는 광화문 교보빌딩 외벽에 걸린 글판의 역사를 기록한 책이다. 교보문고의 상징과도 같은 이 글판은 계절마다 새로운 글귀로 시민들에게 메시지를 전하며, 단순한 문구 이상의 울림을 전해 왔다. 책은 이 글판에 담긴 다양한 문구들의 배경, 선정 과정, 그리고 이를 통해 전하고자 했던 시대정신과 메시지를 이야기한다. 세종문화회관, 광화문 광장 등 역사적, 문화적 중심지에 위치한 광화문 글판은 도심 속 일상에 잔잔한 사색과 희망을 불어넣는 존재로 자리 잡았다.

특히 책은 각 문구가 걸린 당시의 사회적 상황과 연결되면서 글판이 단순한 장식이 아닌, 시대의 목소리를 대변해 온 창구임을 보여준다.『광화문에서 읽다 거닐다 느끼다』는 이 글판을 통해 많은 이들이 어떤 위로와 희망을 얻었는지를 조명하며, 글의 힘을 재발견하게 만든다.

이 책을 읽으며, 나 역시 광화문 글판과 얽힌 개인적인 경험이 떠올랐다. 광화문은 내게도 익숙한 공간이다. 교보문고를 들르거나 세종문화회관을 지나며 업무와 여가를 오가던 거리에는 언제나 많은 사람과 차량이 오갔고, 광장 중앙이 서울의 도로원표라는 상징성 때문에 늘 중심에 있는 듯한 느낌을 주었다. 분주한 이 거리 한복판에서 광화문 글판은 언제나 잠시 발걸음을 멈추게 했다.

특히 워크숍으로 분주했던 어느 날, 우연히 글판에서 본 "가장 낮은 곳에 그래도라는 섬이 있다"라는 문구가 선명하게 기억에 남는다. 그날 회의에서 모두 발언을 해야 했는데, 이 문장이 마치 내 마음을 대변하는 듯해 인용하며 말을 시작했다. 뜻밖에도 동료들 또한 이 문장을 듣고 공감하며 힘을 얻었다고 했다.

그때 나는 광화문 글판이 단순한 홍보용 외벽 장식이 아니라, 우리 삶에 조용한 울림을 주는 풍경 같은 존재라는 사실을 새삼 깨달았다.

이 책은 광화문 글판이 단순한 글 이상의 의미를 갖고 있다는 점을 다시금 일깨워 준다. 분주한 도심 속에서도 사람들의 시선을 사로잡고, 잠깐이라도 생각하게 만드는 글판의 힘은 놀랍다. 이 책에 소개된 글들을 읽으면서, 나도 언젠가 글로 누군가를 위로하거나 용기를 주는 메시지를 남길 수 있지 않을까 하는 생각을 했다.

특히 이 책은 글의 중요성을 재확인하게 한다. 간단한 한 줄의 문장이지만, 그 문장은 누군가에게 하루를 살아갈 힘을 줄 수도 있다. 앞으로는 광화문 글판처럼 나도 주변 사람들에게 희망을 전할 수 있는 작은 메시지를 더 자주 떠올리고, 실천하고 싶다. 책을 읽고 난 후, 글판이 다시 걸릴 계절이 오면 꼭 그 앞에 서서 또 다른 메시지를 발견하고 싶다는 생각이 든다.

광화문 글판은 도심 속에서 우리에게 잠시 멈춰 생각하고, 느끼고, 위로받을 수 있는 공간을 제공해 왔다. 『광화문에서 읽다 거닐다 느끼다』는 그 글판에 담긴 이야기를 통해 글의 힘과 시대를 관통하는 메시지를 다시 한번 깨닫게 한다. 이 책을 읽으며, 나 역시 삶 속에서 글을 통해 희망을 전하는 작은 순간들을 만들어 가고 싶다.

숲   (정희성)

제가끔 서 있어도 나무들은 숲이어
그대와 나는 왜 숲이 아닌가

단풍드는 날   (도종환)

버려야 할 것이
무엇인지를 아는 순간부터
나무는 가장 아름답게 불탄다.

1. 가벼움과 무거움의 균형을 찾아서:『참을 수 없는 존재의 가벼움』
2. 모든 미생들에게 보내는 응원:『미생』
3. 정의에 대한 철학적 질문, 그리고 해답 찾기:『정의란 무엇인가』
4. 침묵 속에 묻힌 계급 이야기:『계급에 대해 말하지 않기』
5. 철학적 주제를 쉽고 체계적으로 풀어낸 안내서:『철학의 진리나무』
6. 젊은이들의 정의로운 저항:『아무도 미워하지 않는 자의 죽음』
7. 삶과 죽음 사이에서의 치열한 결단과 선택:『칼의 노래』
8. 자유와 인간 본질에 관한 탐구:『그리스인 조르바』
9. 인간에 대한 깊고 끝없는 사유:『감옥으로부터의 사색』

2장
존재의 무게:
우리의 삶에 깊이를 더하는 사유

1. 가벼움과 무거움의 균형을 찾아서:
『참을 수 없는 존재의 가벼움』(밀란 쿤데라)

밀란 쿤데라의 『참을 수 없는 존재의 가벼움』은 인간 존재의 본질을 가벼움과 무게라는 철학적 개념으로 풀어낸 작품이다. 소설은 체코슬로바키아의 역사적 사건, 특히 프라하의 봄과 소련의 침공이라는 정치적 맥락을 배경으로, 네 명의 주인공—토마스, 테레자, 사비나, 프란츠—의 삶과 복잡한 관계를 통해 사랑, 자유, 예술, 그리고 인간의 본질을 탐구한다.

토마스는 자유와 가벼움을 추구하지만, 테레자의 존재는 그에게 책임과 사랑의 무게를 부여한다. 반대로 테레자는 토마스를 통해 자신의 존재 의미를 찾으려 한다. 사비나는 예술과 삶에서 자유를 갈망하며 사회적 규범에서 벗어나고자 하며, 프란츠는 그녀와의 관계 속에서 자신의 이상과 현실 사이에서 갈등한다. 이들의 이야기는 인간 존재의 가벼움과 무게가 어떻게 삶의 선택과 갈등을 만들어내는지를 보여준다. 쿤데라는 이를 통해 개인의 자유와 책임, 그리고 억압과 선택의 문제를 철학적으로 성찰하며, 독자들에게 인간 존재의 의미를 질문한다.

이 책을 읽으며 나는 내 삶의 가벼움과 무거움을 함께 돌아보게 되었다. 정보통신 분야에서 일하면서 빠르게 변화하는 기술의 속도를 따라가야 하는 현실은, 마치 토마스가 자유와 가벼움을 추구하며 끊임없이 움직이는 모습을 연상시킨다. 하지만 동시에 나는 테레자처럼 내 존재의 무게를 느끼며, 그 무게에 때때로 짓눌리곤 했다. 일에 몰두하며 하루하루를 바쁘게 살아가다 보면, 내가 왜 이렇게 살고 있는지, 그리고 나의 삶에 어떤 의미가 있는지 혼란스러울 때가 많았다.

특히 이 책에서 토마스와 테레자의 관계는 나의 내면을 그대로 비추는 거울 같았다. 나는 변화와 자유를 갈망하면서도, 무거운 책임감과 소중한 가치를 붙들고 있다. 이 무게는 내가 살아온 경험과 기억, 그리고 나를 형성해 온 중요한 요소들이었다. 하지만 그 무게는 때로는 내 자유를 제한하고, 나를 고정된 틀 속에 가둬버리는 느낌을 주기도 했다. 반대로, 변화의 속도와 자유가 주는 가벼움은 나에게 새로운 가능성과 유연성을 가져다줬지만, 방향을 잃고 떠돌아다니는 기분도 자주 들게 했다.

이 소설은 나로 하여금 가벼움과 무게의 균형에 대해 깊이 생각하게 했다. 나는 가벼움이 주는 자유를 누리면서도, 내 삶의 무게를 부정하지 않아야 한다는 것을 깨달았다. 무게는 내가 쌓아온 것들의 소중함이며, 가벼움은 새로운 가능성을 탐색할 힘이다. 이 두 가지가 조화를 이룰 때, 나는 더 풍요롭고 의미 있는 삶을 살아갈 수 있을 것이다.

정보통신 분야에서 기술의 발전과 변화에 발맞춰 나가면서도, 내 삶의 본질과 가치를 잃지 않기 위해 노력해야 함을 이 책은 가르쳐 주었다. 나는 매일 쌓이는 책임과 도전 속에서도, 그것이 부담이 아니라 나를 성장시키는 과정임을 받아들일 것이다. 또한, 변화 속에서 방향을 잃지 않기 위해 나만의 중심을 잡고, 삶의 의미를 스스로 만들어가야 함을 느꼈다.

밀란 쿤데라의 『참을 수 없는 존재의 가벼움』은 문학 작품을 넘어, 나 자신과 내 삶을 깊이 성찰할 수 있는 계기가 되었다. 이 책은 내가 살아가는 방식과 그 속에서 느끼는 자유와 책임, 그리고 가벼움과 무게의 균형을 다시금 고민하게 했다. 앞으로 나는 이 두 가지를 모두 포용하며, 더 깊이 있는 삶을 살아가고자 한다. 이 작품은 나에게 그러한 결단을 내릴 수 있는 철학적 지침이자 영감이 되었다.

> 한 인생의 드라마는 항상 무거움의 은유로 표현될 수 있다.
> 사람들은 우리 어깨에 짐이 얹혔다고 말한다.
> 이 짐을 지고 견디거나 또는 견디지 못하고 이것과
> 더불어 싸우다가 이기기도 하고 지기도 한다.
> 사비나를 짓눌렀던 것은 짐이 아니라
> 존재의 참을 수 없는 가벼움이었다.

2. 모든 미생들에게 보내는 응원: 『미생』(윤태호)

　윤태호의 『미생』은 직장인의 삶을 생생하게 담은 만화다. 주인공 장그래는 무스펙 계약직으로 입사해 직장 생활의 고통과 고군분투를 겪는다. 그와 함께 등장하는 다양한 직장인들―촐싹거리는 한석율, 냉철한 안영이, 열정적인 김 대리, 그리고 그들을 이끄는 영업 3팀의 오상식 과장―모두가 직장이라는 전쟁터에서 살아남기 위해 각자의 방식으로 노력하는 현실적인 인물들이다. 만화는 이들이 겪는 고통, 성장을 통해 직장인의 삶을 그려내어 큰 공감을 얻었다.

　이 책을 읽으면서 자연스럽게 나의 20년 전 직장 생활이 떠올랐다. 만화책을 자주 읽지는 않는데, 『미생』은 여타 소설보다도 몰입감이 있었다. 장그래의 고군분투가 마치 내 예전 모습과 닮아 있어서 그랬던 것 같다. 밤을 새워 프로젝트를 준비하고, 피곤에 절어 새벽에 퇴근하면 퇴근인지 출근인지 구분이 안 될 정도로 바빴던 시절이 내게도 있었다. 요르단 중고차 사업 때문에 장그래가 고생하는 장면은 마치 내 과거 프로젝트에서의 고통스러운 경험을 보는 듯했다.

　그때도 마찬가지였다. 피곤함을 가슴에 묻은 채 현관문을 나서면서도, 가족들에게 자랑스러운 가장이 되어야 한다는 의무감에 스스로를 다잡곤 했다. 더 많은 시간을 가족과 보내야 한다는 생각을 하면서도, 회사 업무에 치여 그렇게 하지 못했던 날들이 지금도 아쉽고 아련하게 떠오른다. 장그래의 모습을 보며 나 역시 그 시절이 떠오르고, 얼마나 치열하게 살아왔는지를 다시금 되새기게 되었다.

지금까지 읽은 만화책이 수십 권에 불과하지만, 이 아홉 권의 만화책만큼은 어떤 소설보다도 몰입해서 읽었다. 만화도 이렇게 깊이 있고 흥미롭게 만들 수 있다는 사실을 새삼 깨닫게 해준 고마운 책이었다. 분명히 그림으로 그려진 이야기인데도, 실제 어딘가에서 벌어지고 있을 법한 현실감이 머리와 가슴을 강하게 울리는 새로운 경험을 선사했다.

이 책을 다 읽고 바로 들었던 생각은, 지금도 많은 직장인들이 '미생'으로서 살아가고 있다는 것이다. 완벽하지 않지만 하루하루를 버티고, 성장하며, 언젠가 '완생'이 되기를 바라는 그들의 삶이 이 만화 속에 고스란히 담겨 있었다. 예전의 나 역시 필기구 위치 하나까지도 고민하며 프레젠테이션을 준비했던 장그래처럼, 내 직장에서 모든 것을 완벽하게 해내기 위해 애썼다. 그 고통스러운 시간 속에서 나는 결국 내가 원하던 방향으로 나아갔고, 그 과정에서 얻은 경험은 내 삶의 소중한 자산이 되었다.

직장 생활이란 필연적으로 힘들고, 때로는 무너지고 싶을 만큼 어려운 일이 많다. 하지만 이 책은 그런 과정을 통해 더 나은 사람이 되어가는 것을 보여준다. 우리도 그랬고, 지금도 많은 사람들이 그렇게 살아가고 있다. 직장인이라는 현실을 직시하고, 그 안에서 어떻게든 살아남기 위해 애쓰는 모든 '미생'들에게 이 책은 큰 위로와 용기를 준다.

만화가 워낙 인기가 있다 보니 드라마로도 만들어져서 내 아내까지도 굉장히 즐겁게 봤던 이 이야기는, 우리 모두가 한 번쯤 겪었던 이야기이기도 하다. 내가 지금 이 자리에 설 수 있었던 것도 그때의 고된 직장 생활과 아내의 내조 덕분이었다는 것을 이제는 더 명확하게 알 수 있다. 그리고 지금도 미생으로 살아가는 이들에게 "좌절하지 말라"라는 메시지를 전하고 싶다. 완생을 향해 가는 그 길은 고되고 힘들지만, 분명 그 끝에는 보람이 있을 것이다.

> 자신만의 바둑이 있다.
> 바둑판 위에 의미없는 돌이란 없다.

3. 정의에 대한 철학적 질문, 그리고 해답 찾기: 『정의란 무엇인가』(마이크 샌델)

마이클 샌델의 『정의란 무엇인가』는 정의라는 개념을 철학적, 윤리적, 그리고 실천적인 관점에서 풀어낸 책이다. 샌델은 아리스토텔레스, 칸트, 밀과 같은 철학자들의 이론을 바탕으로, 현대 사회에서 정의란 무엇이며, 어떻게 구현될 수 있는지를 탐구한다. 이 책은 이론적인 논의에 머물지 않고, 현대 사회에서 실제로 벌어지는 사례를 통해 정의에 대해 고민하게 만든다.

책의 가장 큰 매력은 쉬운 문체로 정의라는 복잡한 주제를 풀어내면서도, 독자들에게 깊은 사고를 유도한다는 점이다. '정의란 무엇인가?'라는 질문은 일반적인 윤리적 문제를 넘어, 개인과 사회가 나아가야 할 방향에 대한 질문이기도 하다.

이 책을 읽으며 한 사람이 '정의 사회 구현'이라는 구호를 내세우며 나라를 통치했던 때를 떠올렸다. 당시 그의 구호는 정의롭고 공정한 사회를 만들겠다는 약속이었지만, 정작 그는 자신의 부를 축적하며 개인의 이익을 챙기는 데 몰두했다. 이러한 행태는 정의라는 단어를 공허하게 만들고, 사회적 신뢰를 무너뜨렸다.

"나는 자랑스런 태극기 앞에 조국과 민족의 무궁한 영광을 위하여 몸과 마음을 바쳐 충성을 다할 것을 굳게 다짐합니다." 나의 어린 시절 매일같이 외우던 국기에 대한 맹세다. 하지만 이 맹세문이 2007년 개정되면서 '조국과 민족의 무궁한 영광을 위하여 몸과 마음을 바쳐'가 '자유롭고 정의로운 대한민국의 무궁한 영광을 위하여'로 변경되었다. '정의'로운 대한민국이라니! 그런데 과연 정말 지금 이 나라를 살고 있는 우리에게 정의란 무엇인가? 샌델의 질문처럼, 정의는 단순히 구호나 문구로 끝나는 것이 아니다. 그것은 구체적인 행동과 결정을 통해 실현되는 가치다. 정의를 내세운 사람이 정의롭지 못한 삶을 산다면, 이는 정의라는 단어의 본질을 훼손하는 것이 될 것이다.

샌델의 이 책은 단지 읽기 쉬운 철학서가 아니라, 정의라는 주제를 통해 나 자신의 가치관을 돌아보게 만든다. 나 역시 때로는 정의를 쉽게 말하면서도, 정작 정의로운 선택을 망설일 때가 있었다. 이 책은 그런 나에게 경고한다. 정의는 이상이 아니라, 구체적이고 어렵지만 실천 가능한 선택임을.

또한 이 책은 정의를 실현하기 위해 필요한 것은 단편적인 지식이 아니라 지혜라고 일깨운다. 내가 이 책을 통해 배운 정의는 구호나 수사가 아닌, 삶 속에서 어떻게 행동해야 하는지에 대한 질문으로 남았다. 샌델의 『정의란 무엇인가』는 다른 철학서들에 비해 읽기 쉽지만, 생각할수록 어렵고 무거운 질문들을 던지는 책이기도 하다. 그리고 그 질문들 끝에 우리가 실천해야 할 가치를 다시금 고민하게 만든다. 정의란 무엇인가? 이 질문에 대한 답은 우리의 선택과 행동 속에서 완성될 것이다.

정의로운 사회란,
우리가 소중하게 여기는 것들 이를테면 소득과 부,
의무와 권리, 권력과 기회, 공직과 영광등을
행복을 극대화하고 자유를 존중하며 미덕을
발휘하며 올바르게 분배하는 사회를 말한다.

"기회는 평등할 것입니다.
과정은 공정할 것입니다.
결과는 정의로울 것입니다."
이런 사회가 빨리 왔으면 좋겠다.

4. 침묵 속에 묻힌 계급 이야기:
『계급에 대해 말하지 않기』(벨 훅스)

벨 훅스의 『계급에 대해 말하지 않기』는 현대 사회에서 계급이라는 주제가 어떻게 은폐되고 침묵 속에 묻혀왔는지를 비판적으로 조명한다. 저자는 자신의 경험을 바탕으로, 계급이 개인의 삶과 사회 구조에 얼마나 깊이 영향을 미치는지 탐구하며, 우리가 계급 문제를 직면하지 않는 한 정의롭고 평등한 사회를 만들기 어렵다고 주장한다.

훅스는 계급이 경제적 문제에 그치지 않고, 정치적, 사회적, 그리고 문화적 맥락에서 어떻게 작동하는지를 다양한 사례와 논의로 풀어낸다. 특히 계급적 특권이 만들어낸 소비주의 문화와 그에 따른 착취 구조를 날카롭게 비판하며, 이러한 구조가 개인의 선택과 사고까지도 지배한다고 지적한다. 또한, 저자는 가난한 사람들과 무산계급이 어떻게 침묵을 강요받으며, 부자들의 계급적 이익을 보호하는 체제의 도구로 전락하게 되는지를 분석한다.

책을 읽으면서 어린 시절 방학 특선 프로그램으로 본 영화 「뿌리(Roots)」가 떠올랐다. 주인공 쿤타킨테의 삶은 계급적 억압이 개인의 삶에 미치는 영향을 생생히 보여줬다. 벨 훅스의 책은 쿤타킨테의 이야기가 현재에도 반복되고 있음을 상기시킨다. 계급이라는 이름으로 억압받는 이들은 여전히 목소리를 잃고, 그들의 희생 위에 소수가 이익을 독점하고 있다.

　이런 현실은 단지 과거의 일이 아니다. 최근 백화점 명품 세일 행사에서 많은 사람들이 줄을 서고 심지어 소위 '오픈런'이라 불리며 백화점이 문을 열자마자 들어가기 위해 새벽부터 진을 치고 있던 모습은 이 책이 시사하는 바를 그대로 보여준다. 언론과 문화는 이러한 방식으로 부자들의 소비를 이상화하고, 이를 따라야 할 가치로 주입한다. 하지만 이러한 소비문화의 추종자가 되어 백화점 오픈런을 하는 사람들이 정작 투표소 앞에서는 잘 보이지 않는다. 이는 계급 문제에 대한 비판적 사고가 부재한 현대 사회의 단면이며, 탐욕과 착취의 정치가 지속되는 이유 중 하나다.

　『계급에 대해 말하지 않기』는 계급 문제를 침묵 속에 묻어두려는 현대 사회에 대한 강력한 경고다. 저자는 계급적 불평등이 경제적 문제를 넘어 사회적 가치와 개인의 사고방식에까지 영향을 미친다고 말한다. 나는 이 책을 통해, 우리 사회의 특권 구조와 그것이 어떻게 우리 모두의 삶에 침투했는지를 다시 생각하게 되었다.

　특히 저자가 언급한 "계급적 특권이 없는 사람들이 부자처럼 소비함으로써 착취의 대상으로 전락한다"라는 문장은 나에게 강한 인상을 남겼다. 소비주의에 물든 사회는 계급 문제를 더욱 은폐하고, 가난한 사람들을 자발적으로 그 구조에 동참하게 만든다. 이러한 구조는 무산계급을 침묵하게 하고, 그들의 목소리를 빼앗는다. 그러나 계급 문제를 말하는 것은 침묵을 깨는 첫걸음이며, 정의로운 사회로 나아가는 중요한 발판이다.

우리 주변에도 여전히 계급적 특권을 은밀히 나눠 먹는 행태가 존재한다. 지연, 학연, 혈연으로 얽힌 사회 구조는 개인의 능력이나 가치보다는 소수의 이익을 보호하는 데 집중한다. 이는 벨 훅스가 말한 '침묵의 구조'와 다르지 않다. 침묵 속에서 다수는 권리를 잃고, 소수는 더 많은 것을 쥔다.

벨 훅스의 『계급에 대해 말하지 않기』는 계급 문제를 직면하고, 말하기 시작해야 한다는 메시지를 강력히 전달한다. 나는 이 책을 통해 우리가 침묵하지 않고, 정의와 평등을 향한 목소리를 내야 한다는 것을 깨달았다. 희망은 남녀노소를 불문하고 모든 세대가 행동하고, 새로운 방식으로 세상을 바꿀 때 비로소 실현될 것이다. 더 많은 사람들이 이 책을 읽고 계급 문제를 성찰하며, 새로운 사회를 만들어가길 바란다.

> 계급적 특권이 없는 사람들이 부자들과 같은 물건을 소비함으로써 그들처럼 부와 권력을 가질 수 있다고 생각하는 순간, 그들은 부자들의 이해관계에 동조하면서 스스로 착취의 대상으로 전락한다.

2장 존재의 무게: 우리의 삶에 깊이를 더하는 사유

5. 철학적 주제를 쉽고 체계적으로 풀어낸 안내서: 『철학의 진리나무』(안광복)

안광복의 『철학의 진리 나무』는 철학을 중심으로 한 다양한 주제를 체계적으로 정리한 책이다. 현직 고등학교 철학 교사인 저자는 독자가 철학을 쉽고 친근하게 접할 수 있도록 단원의 마무리에 관련 도서를 소개하며 독서의 폭을 넓힐 수 있는 계기를 제공한다. 철학적 사유를 구체적인 주제와 연결하고, 그것을 현대 사회와 연결시킴으로써 철학이 추상적인 학문이 아닌 현실 속에서 살아있는 사유임을 보여준다.

책은 진보와 보수, 현대 사회의 정체성 문제, 인터넷 시대의 지식의 가치 등 다양한 주제를 다룬다. 특히, 독자들이 고민해 볼 만한 철학적 질문들을 제시하면서, 현대인의 삶에서 철학적 성찰의 필요성을 강조한다.

책의 여러 주제 중 "진보 없는 보수, 그 미래는?"이라는 논의는 오늘날 우리 사회에서 벌어지는 보수와 진보의 갈등을 떠올리게 했다. 저자는 현재의 젊은 세대가 진보와 평등 같은 이상보다는 현실에 순응하며 오히려 보수화되어 가는 현상을 비판적으로 분석한다. 이런 모습은 서양 중세 농노들이 영주의 관점에서 세상을 바라보며, 자신들의 현실에 순응하던 태도와 흡사하다는 지적이 특히 인상적이었다.

또한, "지식 천민을 기르는 인터넷 천사들"이라는 주제는 현대 정보 사회에서 우리가 겪고 있는 문제를 날카롭게 지적한다. 저자는 지식 검색이 잡학적 정보를 제공하는 데 그치며, 이를 통해 진정한 사고 능력을 키우지 못하고 있다는 점을 비판한다. 우리는 정보를 소비하는 데 익숙할 뿐 가공하고 가치 판단을 내릴 만한 능력은 잃어가고 있다는 그의 지적은 정보의 과잉 속에서 살아가는 현대인의 현실을 적나라하게 보여준다.

이 책을 읽으며 나는 철학의 중요성을 다시 한번 깨닫게 되었다. 저자가 제시한 현대 사회의 여러 문제는 철학적 사유가 얼마나 필요한지를 잘 보여준다. 예를 들어, "진보 없는 보수"라는 주제는 현재 우리 사회에서의 정치적 갈등과 무관심을 생각하게 했다. 미래 세대인 젊은 층이 자신들을 위한 파이가 줄어들고 있음에도 불구하고, 변화보다는 순응을 선택하고 있는 모습은 무척 안타까웠다. 사회를 바꾸는 힘은 결국 새로운 생각과 도전에서 나오는데, 우리는 이를 점점 잃어가고 있는 것은 아닌지 되돌아보게 되었다.

또한, "지식 천민"이라는 비판은 내 삶의 모습과도 연결되었다. 나는 가끔 인터넷 검색을 통해 얻은 단편적인 정보로 지식을 대체하려는 태도를 보이곤 했다. 하지만 이 책은 진정한 지식은 많은 정보를 모으는 데 그치지 않고, 그것을 해석하고 비판적으로 사고할 수 있는 능력에서 나온다는 점을 상기시켰다. 프랜시스 베이컨이 말한 "아는 것이 힘"이라는 문장은 단순히 정보를 축적하는 것이 아니라, 사물의 본질과 원리를 꿰뚫는 힘과 능력을 만들어내는 과정을 의미했다는 사실을 새삼 깨닫게 되었다.

안광복의 『철학의 진리나무』는 철학적 질문을 던지고, 이를 통해 현대 사회의 문제를 성찰할 수 있는 기회를 제공하는 책이다. 철학은 현실과 무관한 학문이 아니라, 지금 우리가 겪는 문제를 해결하기 위해 필요한 사유의 도구임을 이 책은 잘 보여준다.

이 책을 읽으며, 나는 철학적 사고가 개인의 삶뿐 아니라 사회 전체에 얼마나 중요한 영향을 미칠 수 있는지를 배웠다. 진보와 보수, 지식과 정보, 그리고 현재와 미래에 대한 고민은 우리가 나아가야 할 방향을 모색하게 만든다. 앞으로는 이 책이 제시한 다양한 주제를 바탕으로 나만의 철학적 질문을 던지고, 그 답을 찾아가는 시간을 가져보고 싶다. 『철학의 진리나무』는 나에게 그러한 시작점을 마련해 준 책으로 기억될 것이다.

> 법률의 최종 목표는 정의를 실현하며 사회를 발전시켜 모두가 행복한 나라를 만드는 데 있어야 한다. 하지만 그렇게 법을 만들어야 할 입법기관들은 민주국의 이념이라는 껍질을 쓰고 실제로는 눈앞의 이익만을 좇는 참인민주국으로 흐르기 쉽다. 경계하고 또 경계할 일이다.

6. 젊은이들의 정의로운 저항:
　『아무도 미워하지 않는 자의 죽음』(잉게 숄)

　『아무도 미워하지 않는 자의 죽음』은 제2차 세계대전 당시 독일에서 나치 독재에 비폭력으로 저항한 '백장미' 단체의 이야기를 다룬다. 이 단체는 대학생들이 주축이 되어 나치의 잔혹함을 알리고 독재에 저항하며, 전단지를 통해 비판의 목소리를 냈다. 특히 주인공 소피 숄과 그녀의 오빠 한스 숄을 중심으로, 그들은 대학생이라는 신분에도 불구하고, 정의와 진실을 위해 목숨을 걸고 저항했다. 결국 그들은 체포되어 처형되었으나, 그들의 용기와 신념은 전후 독일 사회에서 인권과 민주주의의 상징으로 자리 잡았다.

　이 책은 단순히 역사적 사건을 나열하는 것이 아니라, 인간의 존엄성과 자유를 지키기 위해 목숨을 바친 이들의 숭고한 정신을 되새기며, 어떻게 우리가 정의로운 삶을 살아가야 하는지에 대해 깊이 생각하게 한다.

　이 책을 읽으며 자연스럽게 우리의 역사 속에서 유신 독재와 군부독재에 맞서 싸웠던 많은 젊은이들이 떠올랐다. 광주 민주화 운동을 비롯해, 1970~80년대 한국에서도 수많은 대학생과 젊은이들이 자유와 민주주의를 외치며 투쟁했고, 그 과정에서 무수히 많은 사람들이 희생되었다. 이들은 나치 독재에 맞선 백장미 단체처럼 억압에 굴복하지 않았고, 정의와 자유를 위해 비폭력적인 방법으로 저항했다.

당시 많은 젊은이들이 정부의 탄압 속에서 퇴학당하거나, 교도소에 갇히거나, 심지어 군대로 강제 징집되었다. 광주 민주화 운동에서 많은 젊은이들이 무참히 죽임을 당했고, 그들은 당시 독재 정권에 의해 왜곡되고 은폐되었다. 그들의 죽음은 '독재에 저항하는 청년들의 희생'이라는 점에서 백장미 단체의 희생과 통한다. 그들의 저항은 단지 한 개인의 죽음이 아니라, 사회 정의를 위한 중요한 발판이 되었고, 민주주의의 발전에 기여했다.

독일은 전후 나치의 만행을 철저히 반성하며 희생자들의 피를 고귀하게 여겼고, 이로 인해 더 성숙한 민주주의 국가로 나아갔다. 한국 사회 역시 광주 민주화 운동과 같은 역사적 사건을 더욱 깊이 반성하고, 당시 희생자들의 정신을 이어받아 더 나은 사회로 발전해야 한다는 생각이 들었다.

이 책을 통해 나는 우리가 자유와 인권을 위해 얼마나 많은 희생을 감내했는지 다시 한번 생각하게 되었다. 백장미 단체의 대학생들은 단순히 자신의 목숨을 내던진 것이 아니라, 미래 세대를 위한 희생을 감수한 것이다. 이들의 용기와 신념은 오늘날 우리가 자유롭게 살아갈 수 있는 토대가 되었고, 우리에게도 이러한 희생을 잊지 않고 기억해야 할 책임이 있다.

광주 민주화 운동에서 희생된 이들의 정신은 단지 과거의 사건으로만 남아서는 안 된다. 우리는 그들의 희생을 기리고, 그 정신을 성숙한 시민의식으로 발전시켜야 한다. 그들이 지키고자 했던 자유와 정의는 오늘날에도 여전히 중요하며, 우리는 이러한 가치를 바탕으로 더 나은 사회를 만들어 가야 한다. 남북의 최고 지도자가 백두산 천지에 오른 오늘날, 더 이상 이념적 갈등에 얽매이지 않고 인간의 근본적 가치를 우선시하는 방향으로 나아가야 할 것이다.

잉게 숄의 『아무도 미워하지 않는 자의 죽음』은 죽음을 통해 삶의 가치를 되새기게 만드는 작품이다. 백장미 단체의 용기와 희생을 통해 우리는 단순히 과거를 기억하는 것을 넘어, 미래를 위한 더 나은 사회를 만들어 나가야 할 책임이 있음을 느낄 수 있다. 그들의 정신을 이어받아, 우리 사회도 자유와 인권을 더욱 소중히 여기며 성숙한 민주주의로 나아가길 바란다.

> 언제쯤이면 그 날이 올까요?
> 평범하게 살아가는 수백만 시민들의 작은 행복이 가장 중요하다는 사실을 우리는 언제쯤이면 깨닫게 될까요?
> 언제쯤이면, 이 나라가 모든 사람의 인생과 소박한 일상을 망각해 버리는 이념들로 부터 해방될 수 있을까요?
> 평화를 수호하려는 노력이 전쟁에서 승리하는 것보다 더 위대한 일 임을 이 나라는 언제쯤 알게 될까요?

7. 삶과 죽음 사이에서의 치열한 결단과 선택: 『칼의 노래』(김훈)

100원짜리 동전 속 점잖은 모습의 이순신, 그리고 현충사에서 바라본 그의 초상화는 우리가 기억하는 위대한 장군 이순신의 상징이다. 그러나 이는 류성룡이 남긴 기록 속 이순신과는 다르며, 누군가의 염원이 반영된 이미지일 뿐이다. 『칼의 노래』는 이런 상징과 초상을 넘어 봄날의 냉이 향처럼 진하게 느껴지는 인간 이순신의 냄새를 전해준다.

이순신 장군은 원래도 위대한 인물로 칭송받았지만 한국 근현대사의 특정한 시기에 한 번 더 주목받았다. 1950~60년대 당시 혼란스러운 사회 분위기 속에서 군사 쿠데타가 일어나며 "국난을 맞이한 시기엔 군인이 나라를 다스려야 한다"라는 논리가 힘을 얻었기 때문이다. 5·16 군사혁명이라는 이름으로 불리는 이 시기는 충무공의 이미지가 국민적 상징으로 다시금 부상했던 때였다. 400년 아득한 시간의 간극을 넘어, 그는 또 한 번 나라를 구할 영웅으로 자리를 견고히 하게 된 것이다. 그러나 김훈의 『칼의 노래』는 그러한 이순신의 상징적 이미지를 넘어, 그의 인간적인 면모와 내면의 갈등을 더욱 깊이 탐구하기에 더욱 인상적이었다.

어린 시절 교과서에서 본 이순신은 활쏘기 시험을 치르다 말에서 떨어져 다리가 부러지자 버드나무 가지로 다리를 묶고 시험을 본 불굴의 노력을 보여준 인물이었다. 『칼의 노래』를 통해 나는 이러한 노력 외에 깊은 울림을 준 3명의 이순신을 더 만날 수 있었다.

"필사즉생 필생즉사(必死則生 必生則死)
반드시 죽고자 하면 살고, 반드시 살고자 하면 죽는다."
삶과 죽음은 하나이며, 승패는 총과 칼이 아닌 오직 마음가짐에 달려 있음을 깨달은 이순신.

"상유십이 미신불사(尙有十二 微臣不死)
아직도 12척의 배가 있고, 미천한 신이 아직 죽지 않았습니다."
절망적인 상황에서도 끝까지 싸워 나라를 지키겠다는 강인한 의지를 보인 이순신.

"삼척서천산하동색 일휘소탕혈염산하(三尺誓天山河動色 一揮掃蕩血染山河)
석 자의 칼로 하늘에 맹세하니 강산이 떨고, 한 번 휘둘러 쓸어버리니 피가 온 산하를 물들인다."
장검을 휘둘러 천하를 두려움에 떨게 한 호연지기의 영웅, 이순신.

몇 년 전의 일이지만 영화 명량이 당시까지의 흥행 기록을 갈아치우며 이순신의 이야기가 다시금 사람들의 관심을 끌었던 적이 있었다. 그러나 스크린 속 이순신과 『칼의 노래』가 그려낸 인간 이순신은 또 다른 차원에서 다가온다. 『칼의 노래』는 승리의 영웅을 넘어 고독한 인간 이순신을 드러내고 있었던 것이다.

김훈의 『칼의 노래』는 이순신이라는 이름 속에 담긴 복합적 이미지를 풀어낸다. 시대와 개인, 책임과 결단의 경계에서 그가 선택한 길은 전설 속에나 존재하는 완벽한 영웅이 아닌 한 인간으로서의 고뇌와 결단의 본질을 담고 있었다.

이순신은 자신의 삶에서 필사즉생의 각오를 다졌고, 시대의 무게를 묵묵히 견디며 앞서 나아갔다. 우리는 지금 우리의 삶에서 어떤 결단을 내리고 있는가? 『칼의 노래』는 단순히 이순신의 이야기가 아니라 우리 모두가 삶에서 내려야 할 선택과 그 무게를 질문하게 만든다.

8. 자유와 인간 본질에 관한 탐구:
『그리스인 조르바』(니코스 카잔차키스)

　니코스 카잔차키스의 소설 『그리스인 조르바』는 인간 본연의 삶과 자유, 그리고 경외감이라는 주제를 통해 독자에게 깊은 사색의 기회를 제공한다. 이 소설은 기본적으로 작가 자신의 분신인 화자와 자유분방한 영혼의 상징인 조르바의 이야기를 중심으로 전개되며, 결국에는 인간의 본질과 자유의 의미를 탐구하는 철학을 담은 소설이라고 할 수 있다. 화자는 지식과 이념에 갇혀 삶을 이성적으로만 이해하려는 지식인인데, 그는 어느 날 자유롭고 열정적인 인물 조르바를 만나면서 새로운 삶의 태도를 배운다.

　조르바는 모든 사소한 일에도 온 마음을 다하며 살아간다. 그는 먹고 마시고 사랑하며, 일상적인 삶 속에서도 진정한 기쁨과 자유를 찾는다. 그의 말과 행동은 화자에게 끊임없는 깨달음을 준다. 조르바는 단순한 삶을 추구하지만, 그 단순함 속에는 삶의 본질과 인간의 내면에 대한 깊은 이해가 담겨 있다. 이 책은 지식인의 내면과 자유로운 영혼을 지닌 조르바라는 인물을 통해 서로 다른 삶의 방식을 생생히 보여준다. 조르바는 삶의 순간순간을 온몸으로 살아내는 사람이고, 화자인 지식인은 책과 사색을 통해 삶을 이해하려는 사람이다. 이 대조는 독자로 하여금 자신의 삶의 방식을 돌아보게 만든다. 책을 읽으며 나는 "나는 아무것도 바라지 않는다. 나는 아무것도 두려워하지 않는다. 나는 자유다"라는 카잔차키스의 묘비명에 담긴 자유의 의미를 곱씹지 않을 수 없었다.

조르바는 화자인 지식인에게 이렇게 묻는다. "우리는 어디에서 와서 어디로 가는지 말해보시오. 당신은 몇 해 동안 그 사악한 마법의 책들에 빠져 살았소. 씹어 먹은 종이만 해도 50톤이 넘을 거요. 그 책들한테서 얻은 게 도대체 뭐요?" 이 질문은 단순한 호기심이 아니라, 깊은 고뇌에서 비롯된 외침이었다. 조르바의 목소리는 내게 삶에 대한 근본적인 질문을 던졌다. 지식이 삶의 본질을 밝혀줄 것이라는 믿음은 종종 우리를 현실에서 멀어지게 한다. 조르바의 질문은 그 믿음을 뒤흔들며, 삶의 본질은 지식에 대한 축적이 아니라 순간의 경험과 체험에 있다는 사실을 일깨운다. 나는 이 대목에서 과연 내 삶은 조르바의 말처럼 '살아내는 것'에 충실했는가 하는 반성과 함께 책장을 넘겼다.

책에서 조르바는 삶을 단순히 생존이 아니라, 경외감과 호기심으로 채우는 여정으로 여긴다. 그는 세상의 모든 것을 잎사귀 위에 사는 작은 유충에 비유한다. 유충은 잎사귀의 끝에 다다라 아래의 무한한 시공간을 내려다보며 떨게 된다. 두려움에 몸을 움츠리기도 하고, 경외감에 압도되기도 한다. 우리는 모두 잎사귀 끝에서 흔들리는 유충과 같다. 이 비유는 나에게 일상에서 마주하는 두려움과 도전의 순간을 떠올리게 했다. 새로운 도전을 앞두고 주저하거나, 실패에 대한 두려움 때문에 한 걸음도 내딛지 못했던 순간들이 떠올랐다. 그러나 조르바의 철학은 그런 순간에도 우리를 강하게 만든다. 경외감과 두려움 속에서 나아가야만 새로운 가능성이 열린다는 것을 가르쳐 준다.

카잔차키스는 책 곳곳에서 인간의 삶을 여정으로 비유한다. 그는 삶을 여행으로 여기며, 출발지와 목적지에 집착하지 말아야 한다고 이야기한다. 출발지와 목적지를 고민하지 않을 때 우리는 매 순간을 온전히 살아갈 수 있다. 이 말은 너무 단순하게 들릴 수 있지만, 우리의 삶 속에서 얼마나 많은 시간을 과거를 후회하거나 미래를 걱정하며 낭비하는지 떠올리면 조르바의 태도가 얼마나 자유로운지를 알게 된다. 출발지에 얽매이지 않고 목적지를 서둘러 정하지 않을 때, 삶은 자연스럽고 여유로운 것이 된다.

책을 덮기 전에 나는 조르바의 말처럼 삶을 조금 더 단순하게 받아들여야겠다고 생각했다. 너무 많은 것을 계획하고 계산하며 잃어버린 순간들이 떠올랐다. 때로는 한 걸음 물러서서 그 순간에 충실할 필요가 있다. 어쩌면 조르바가 말한 진정한 자유는 바로 그 여유로움 속에 있지 않을까? 앞으로는 매일의 작은 순간을 살아가면서 조르바처럼 삶에 조금 더 깊게 발을 담가볼 작정이다. 그 자유로움 속에서 새로운 나를 만날 수 있을 것 같다는 기대를 품으며 책장을 덮었다.

9. 인간에 대한 깊고 끝없는 사유:
『감옥으로부터의 사색』(신영복)

코로나19로 인해 우리의 일상이 많이 변했지만, 오랜만에 모임에 참석했다. 그래도 여전히 삼겹살에 '카스처럼'을 곁들이며 즐거운 시간을 보냈다. 카스 맥주와 처음처럼 소주를 함께 주문하는 '카스처럼'은 술을 즐기는 사람들에게 이미 익숙한 표현이 된 지 오래다. 그런데 가끔 '카스처럼'을 주문할 때면 신영복 교수가 떠오르곤 한다. '처음처럼'이라는 브랜드의 글씨를 직접 써준 사람이 바로 그분이기 때문이다.

그런 그가 20여 년간의 수감 생활 동안 가족들에게 보낸 편지들을 모아서 낸 옥중 서간집이 바로 『감옥으로부터의 사색』이다. 그러나 이 책은 일반적인 옥중 서간집과는 차원이 다르다. 이것은 인간에 대한 깊은 사유, 관계의 의미, 고통 속에서 피어난 성찰을 담은 기록이다. 신영복 교수는 장기간의 수감 생활 동안 가족들과 주고받은 편지들을 통해 당시의 고난과 고뇌, 그리고 삶의 본질에 대한 깨달음을 나눈다. 글은 그의 삶과 생각을 엿볼 수 있는 지점으로, 독자에게 끊임없는 질문과 사유를 던진다.

책 속에는 단순한 기록을 넘어 예술적 깊이를 지닌 편지들이 등장한다. 글씨는 깨알같이 정자로 쓰였고, 중간중간 그림까지 곁들여져 있다. 그 솜씨는 단지 옥중 생활을 기록하기 위한 도구가 아니라, 고통의 시간을 견뎌내기 위해 스스로를 담금질한 결과다. 특히, 어머니의 건강이 회복되었다는 소식을 듣고 쓴 편지에서는 고전에서 인용한 이야기를 통해 자신의 감정을 섬세히 드러낸다. "백유가 어머니에게 종아리를 맞으며 슬퍼한 것은 어머니의 쇠약해진 근력을 느꼈기 때문"이라는 이야기는 가족 간의 사랑과 인간적 연민을 고스란히 전해준다.

얼마 전 어머니께서는 자식들에게 "사전연명의료 의향서"와 함께 한 통의 편지를 건네셨다. 마지막 순간까지도 자식들에게 부담을 주지 않으려는 그 무조건적이고도 깊은 사랑에 가슴이 먹먹해졌다. 그러나 그런 사랑에 비해 자식으로서 내가 해드린 것은 티끌만큼도 못하다는 생각에 부끄러울 따름이다. 백유의 마음처럼, 비록 매 맞는 종아리가 아프더라도 어머니께서 오래오래 건강하게 계셨으면 하는 바람뿐이다.

책 초반에 등장하는 "청구회 모임"은 초등학생들과의 독서 모임을 말하는데, 당시 재판에서 사상 모임으로 언급된 사례다. 이 이야기는 신영복 교수의 삶이 얼마나 부당한 상황 속에서도 인간적인 면모를 잃지 않았는지 보여준다. 또한 그는 한학자와 같은 방에서 한학을 공부하며 고통 속에서도 지식과 관계를 탐구하고자 했으며 자신의 고통을 가족, 학문, 편지를 통해 승화시켰다. 이러한 학문적 태도는 아버지와의 편지 교류에서도 드러난다. 그들의 편지는 일상적인 안부를 묻는 차원을 넘어 학문적 대화로 이어졌고, 부자간의 관계는 학문적 교류를 통해 더욱 깊어졌다.

한편, 신영복 교수의 인간적인 면모는 일상 속에서도 나타난다. 그는

'처음처럼'의 글씨체를 써 주었지만 수고비를 일체 받지 않고 모두 학교에 장학금으로 가도록 했으며 자신의 이름을 남기는 데 욕심을 두지 않았다. 이러한 태도는 그의 글 전체에 스며들어 있으며, 인간적이고 진솔한 삶의 자세를 엿볼 수 있게 한다.

결국, 이 책은 인간관계의 소중함과 사유의 깊이를 가르쳐 준다. 우리는 고통 속에서도 인간으로서의 존엄을 지킬 수 있을까? 신영복 교수는 이를 몸소 보여주며, 우리에게 스스로를 돌아볼 기회를 준다. 때로는 담담한 유머 속에서도 그의 글을 곱씹으며, 우리 또한 삶 속에서 "처음처럼" 진솔하게 살아갈 수 있는 방향을 고민하게 만든다.

감옥으로부터의 사색은 그저 읽고 넘길 수 없는, 우리 내면을 흔드는 강렬한 책이다. 삶을 사랑하는 법을 배우고 싶다면, 이 책은 당신에게 뜻깊은 선물이 될 것이다.

1. 너의 인생에도 도끼가 되는 책을 만나기를 :『책은 도끼다』
2. 인문학의 통찰을 삶에 녹여내기 :『인간이 그리는 무늬』
3. 철학의 실천적 의미를 찾아서 :『철학하는 김과장』
4. 행복을 향한 새로운 질문 :『사표의 이유』
5. 소금의 맛으로 삶을 이해하다 :『소금』
6. 유한함 속에서 삶의 의미를 찾다 :『우리는 언젠가 죽는다』
7. 내 마음과 삶의 주인이 된다는 것 :『매달린 절벽에서 손을 뗄 수 있는가?』

3장
인생의 의미를 찾아서: 길 위의 발견과 삶을 바꾸는 깨달음

1. 너의 인생에도 도끼가 되는 책을 만나기를:
   『책은 도끼다』(박웅현)

아들아, 오늘은 아빠가 최근에 읽은 박웅현 작가의 『책은 도끼다』라는 책에 대해 이야기해 볼까 한다. 이 책은 독서가 지식을 쌓는 행위뿐만 아니라, 우리 내면의 고정관념을 깨고 새로운 시각을 열어주는 도구라고 이야기하고 있어. 저자는 책을 통해 삶을 탐구하고, 방향을 재정립하며, 인문학적 성찰을 통해 더 깊이 있는 삶을 살아가자고 말해.

박웅현 작가는 책을 읽고 깨달은 것들을 바탕으로 우리의 사고를 깨워주는 여러 가지 이야기를 들려주는데, 독서가 얼마나 강력한 도구인지 다시 느끼게 되었어. 책을 단순히 읽는 것을 넘어, 우리의 마음속 깊은 곳을 깨우고 삶의 방향을 새롭게 설정하게 만드는 과정으로 바라보는 시각이 특히 인상적이었단다.

이 책에서 가장 기억에 남는 것은, 책을 읽는 방식을 돌아보게 만드는 부분이야. 작가는 "한 문장 한 문장 꼭꼭 눌러 읽습니다"라고 말하며, 좋은 부분에 줄을 치고 그것을 따로 기록한다고 이야기하더구나. 아빠는 이 말을 읽고, 내가 책을 대하는 태도를 돌아보게 되었어.

아빠는 종종 책을 빠르게 읽는 데만 급급했었는데, 그렇게 읽다 보면 책을 덮고 난 뒤에 남는 게 별로 없을 때가 많았단다. 리뷰나 서평을 쓰려고 해도 책 전체 맥락이 잘 잡히지 않아서 발췌한 부분만 끄적거리게 되곤 했지. 하지만 작가의 말처럼, 책을 읽는다는 건 문장을 발견하는 행위라는 생각이 들었어. 마음에 와닿는 문장 한 줄을 발견했을 때의 기쁨은 정말 크거든. 그 문장 하나가 몇 날 며칠, 심지어 몇 년 동안 삶에 영향을 줄 수 있다는 말이 정말 공감되더구나.

아들아, 네가 지금 바쁜 삶을 살고 있다는 걸 잘 알고 있어. 직장, 친구, 새로운 도전까지 하루하루가 정신없을 거야. 하지만 그런 와중에도, 책을 읽으며 자신을 돌아볼 시간을 꼭 가지길 바란다. 박웅현 작가가 말한 것처럼, 책은 단순히 정보를 얻는 도구가 아니라 우리의 내면을 깨우고, 삶의 방향을 새롭게 설정해 주는 도구란다.

아빠도 책을 읽으며 내가 얼어붙었던 생각들을 깨는 경험을 많이 했어. 네가 책에서 만난 한 문장, 한 생각이 너의 삶을 풍요롭게 하고, 너의 방향성을 다시 생각해 보는 계기가 될 수 있을 거라고 믿는다. 이 책을 읽으면서 나도 문장을 천천히 곱씹으며, 독서가 나에게 준 의미를 다시 떠올릴 수 있었단다.

박웅현의 『책은 도끼다』는 독서의 진정한 힘과 가치를 깨닫게 해주는 책이었어. 아빠는 이 책을 통해 독서가 단순한 취미가 아니라, 삶을 변화시키는 강력한 도구임을 다시 한번 느꼈다. 너도 이 책을 읽고, 독서를 통해 너의 고정관념을 깨고, 삶을 새롭게 바라보는 계기를 가질 수 있으면 좋겠다.

책은 우리의 삶을 풍요롭게 하고, 더 나은 방향으로 이끌어 줄 '도끼'와 같은 존재란다. 오늘의 이야기가 너에게도 책을 대하는 태도를 다시 한번 생각해 볼 기회를 주었으면 한다. 네가 만날 책 속에서 너만의 중요한 문장들을 발견하기를 바란다.

> 책이란 우리 내면의 얼어붙은 바다를 깨는 도끼가 되어야만 한다. (프란츠 카프카)

2. 인문학의 통찰을 삶에 녹여내기:
『인간이 그리는 무늬』(최진석)

최진석의 『인간이 그리는 무늬』는 인문학을 통해 인간과 사회를 깊이 들여다보고, 우리가 걸어온 길과 나아갈 방향을 제시하는 책이다. 제목 그대로, 인간이 생각하고 행동하며 남긴 궤적을 '무늬'로 비유하며, 이를 이해하는 것이 인문학의 본질이라고 이야기한다. 책은 문학, 역사, 철학을 아우르는 인문학의 중요성을 강조하며, 우리가 어떻게 생각하고 행동하는가에 따라 시대가 구분되고 역사가 형성된다고 설명한다.

저자는 서양 역사를 예로 들어, 중세와 근대를 구분하는 기준을 역사적 사건이 아닌 인간의 사고방식의 변화에서 찾는다. 중세에는 신의 은총이 인간의 힘의 근원이라 여겼다면, 근대에는 인간 그 자체가 생각하고 행동하는 주체로 전환되었다는 것이다. 이러한 철학적 변화는 베이컨의 "아는 것이 힘이다"와 데카르트의 "나는 생각한다, 고로 존재한다"라는 선언으로 대표된다. 인문학은 바로 이러한 변화의 본질을 이해하고, 우리가 그려가는 삶의 무늬를 해석하는 데 중요한 역할을 한다고 저자는 주장한다.

이 책을 읽으면서, 나는 인문학이 사회에서 가지는 중요성과 동시에 대학에서 점점 사라지고 있는 현실을 떠올렸다. 대학에서는 인문학 관련 학과가 축소되거나 없어지는 상황이 이어지고 있지만, 정작 사회에서는 인문학의 중요성을 역설하고 있다. 인문학적 통찰 없이는 깊이 있는 사고와 성찰이 불가능하다는 것을 알면서도, 그 필요성을 실천하지 못하는 이 모순이 안타깝게 느껴졌다.

저자는 인문학의 목적을 '자기가 자기로 존재하는 일'이라고 이야기한다. 이는 외부의 기준이나 이념, 비교가 아닌, 자신만의 독립적 사고로 세계를 바라보고 서 있는 상태를 말한다. 하지만 오늘날, 많은 사람들이 자신만의 주체적 기준을 세우기보다 사회가 제시하는 잣대에 순응하며 살아간다. 대학에서는 인문학의 토대를 약화시키고, 사회에서는 즉각적인 실용성을 강조하는 현실 속에서, 인간다움과 통찰력을 키우는 인문학의 역할이 점점 더 소외되는 듯하다.

이 책은 내게 스스로에게 질문을 던질 기회를 주었다. "나는 지금 바람직한 일을 하고 있는가, 아니면 바라는 일을 하고 있는가?" "해야 하는 일을 하고 있는가, 아니면 하고 싶은 일을 하고 있는가?" 이러한 질문은 단순히 나의 직업적 선택이나 행동을 점검하는 것을 넘어, 내가 살아가는 방식을 돌아보게 만들었다.

나는 종종 '해야 하는 일'과 '좋은 일'에 집중해 왔다. 그러나 이 책은 내가 정말로 '하고 싶은 일'과 '좋아하는 일'을 통해 내 삶의 무늬를 그려가고 있는지 성찰하게 만들었다. 인문학적 통찰이란 결국 내가 세상과 어떻게 관계 맺고, 그 속에서 어떻게 살아가고 있는지를 묻는 것이다. 이를 통해, 나는 내 삶의 방향성을 보다 독립적이고 주체적으로 다시 세워야겠다는 다짐을 하게 되었다.

또한, 책에서 언급된 '인문학적 사고의 기준은 생각의 독립성과 통찰력에 있다'는 점은 내가 일상 속에서 더 비판적이고 깊이 있는 사고를 하도록 동기를 부여했다. 편하게 정보를 소비하거나 기존의 가치관에 안주하는 것을 넘어, 내가 주체적으로 판단하고 행동할 수 있도록 끊임없이 스스로를 단련해야겠다고 느꼈다.

『인간이 그리는 무늬』는 내게 인문학적 사고의 중요성을 다시금 깨닫게 해준 책이다. 인간이 그리는 궤적은 단순히 과거의 기록이 아니라, 우리가 어떻게 살아가고 있는지를 나타내는 무늬라는 저자의 말은 매우 의미심장했다. 이 책은 인문학의 개념을 설명하는 데 그치지 않고, 오늘날 우리가 왜 인문학적 사고와 통찰이 필요한지를 깊이 깨우쳐 준다.

나는 앞으로 내가 살아가는 삶의 무늬를 더 주체적으로 그리고, 인문학적 기초 위에 세워진 방향성을 가지고 나아가고자 한다. 또한, 인문학이 단순한 학문이 아닌 우리 삶의 근본적인 질문을 던지는 중요한 도구임을 널리 알리고 싶다. 지금은 인문학이 축소되고 있지만, 이런 책들을 통해 그 가치를 깨닫고, 더 많은 사람들이 인문학적 사유의 길로 나아가기를 바란다. 『인간이 그리는 무늬』는 그러한 길로 안내해 주는 훌륭한 나침반 중 하나가 되어줄 것이다.

인문학을 배우는 목적은 '인간이 그리는 무늬'의 정체를
독립적으로 알아내기 위해서이다.
주변의 비교, 판단, 이념 등이 자기의 독립성보다 강하여
자기를 지배하면 지배할수록 인문적 통찰은 불가능하고
무뎌진다. 그렇다면 인문적 통찰을 하는 관건은 무엇이냐?
'자기가 자기로 존재하는 일'이다.
이념이나 가치관이나 신념을 뚫고 이 세계에
자기 스스로 우뚝 서는 일, 이것이 바로 인문적 통찰을
얻는 중요한 기반이다.

3. 철학의 실천적 의미를 찾아서:
   『철학하는 김과장』(태기석)

   태기석의 『철학하는 김과장』은 현실 세계와 철학적 사고를 연결시킨 책이다. 노조위원장 출신으로 은행지점장을 지낸 저자는 철학이라는 추상적인 주제를 현실 속에서 어떻게 적용할 수 있는지를 실감 나게 풀어낸다. 다양한 철학적 개념과 사상들을 일상적인 삶의 사례로 설명하면서, 철학이 순수하게 학문의 영역에 머무르지 않고 실천적인 도구가 될 수 있음을 보여준다.

   책은 소크라테스의 "너 자신을 알라"와 같은 여러 가지 철학적 교훈을 중심으로, 인간의 본질과 영혼의 구조, 과거·현재·미래의 시간적 의미를 탐구한다. 이를 통해 독자들에게 자기 자신과 삶을 되돌아보고, 철학적 사고를 통해 새로운 관점을 얻을 기회를 제공한다.

   독서를 마음의 청소라고 한다면, 필사는 마음의 정리에 비유할 수 있다. 우리가 필사를 통해 자신을 돌아보고 생각을 정리할 수 있다는 것이다. 나 역시 책을 읽으며 좋은 문장을 만날 때 감탄만 하고 지나친 적이 많았다. 그러나 필사를 통해 그 문장을 내 손으로 옮기고, 그 의미를 되새기면서 마음속 깊이 새긴다면 훨씬 더 오래 기억하고 내 삶에 적용할 수 있을 것이라는 생각이 들었다.

책에서는 베른하르트 레스너의 "쓰면 느려지고, 느리면 분명해진다"라는 말과 안정희의 "기록이 상처를 위로한다"라는 말을 인용하며, 필사가 단순한 행위가 아니라 치유와 자기 발견의 과정임을 강조한다. 이 말은 내가 일상 속에서 너무 바쁘게 살아오면서 잊고 있던 고요함과 자기 성찰의 중요성을 다시금 깨닫게 해주었다.

이 책에서 아우구스티누스의 시간에 대한 철학적 해석은 내 삶에 대한 새로운 시각을 제공했다. 그는 과거, 현재, 미래를 단순히 시간의 흐름으로 보지 않고, 우리 정신 속에서 하나로 연결된 삼차원적 구조로 설명했다. 과거는 기억으로, 현재는 직관으로, 미래는 소망으로 우리 정신 속에 존재한다고 말한 그의 생각은 내가 과거를 돌아보고 미래를 계획하는 방식을 다시 점검하게 만들었다.

특히 "현재를 중심으로 과거를 정리하고 미래를 지향한다"라는 철학적 해석은 나에게 큰 울림을 주었다. 나는 종종 과거의 실패에 매달리거나 미래의 불확실성에 대해 불안해하곤 했다. 그러나 이 책을 읽고, 과거와 미래가 현재 속에서 하나로 녹아드는 경험적 시간이야말로 진정한 삶의 의미를 만든다는 사실을 깨달았다. 나의 현재가 과거를 품고 미래를 준비하는 시간이라는 점을 인식하면서, 내가 지금 이 순간에 집중하고 그 의미를 찾아야 한다는 결심을 하게 되었다.

태기석의 『철학하는 김과장』은 철학이 일상에서 어떻게 작동할 수 있는지를 생생히 보여주는 책이다. 철학은 실생활과 동떨어진 뜬구름 잡는 이야기가 아니라, 우리 삶의 중심에서 나 자신을 돌아보고 세상을 이해하는 강력한 도구임을 이 책은 증명한다.

나 역시 이 책을 읽으며 나의 삶과 사고방식을 새롭게 정리할 기회를 얻었다. 독서를 통해 마음을 청소하고, 필사를 통해 정리하며, 현재 속에서 과거를 품고 미래를 준비하는 삶의 태도를 유지하려는 결심을 하게 되었다.

소크라테스가 "너 자신을 알라"라고 했을 때 그것은 자기의 영혼 구조를 이해하고 자신의 영혼을 해치는 사람이 되지 말라는 의미를 담고 있다. 소크라테스가 "음미되지 않은 삶은 살 가치가 없다"라고 했을 때 그것은 자기 삶이 자신의 영혼을 가능한 한 훌륭하게 되도록 돌보는 삶인지를 항상 음미하라는 것이다. 나도 내 영혼과 삶의 방향성을 끊임없이 음미하여 살아있는 존재의 가치를 매 순간 확인해 나가고자 한다.

> 우리가 방이 지저분해서 청소한다면
> 이것은 마음을 청소하기 위해 독서하는 것과 같고
> 청소를 다한후 물건을 제자리에 놓는 것은
> 책을 읽고 마음의 정리를 위해 필사를 하는 것과 같다.
> 즉, 독서는 마음의 청소요 필사는 마음의 정리다.

4. 행복을 향한 새로운 질문: 『사표의 이유』(이영롱)

이영롱의 『사표의 이유』는 직장과 조직에서 살아가는 구성원들이 '왜' 떠나고 싶어 하는지, 그리고 어떤 행복을 추구하며 살아가야 하는지를 성찰하는 책이다. 저자는 조직의 구성원들이 마주하는 딜레마와 현실을 냉철하게 분석하며, 그들이 느끼는 갈등과 고민을 통해 개인의 행복이란 무엇인지 탐구한다.

특히, 이 책은 행복이라는 개념이 현대 사회에서 어떻게 발명되고, 또 왜 점점 더 멀어지는 목표가 되었는지를 고찰한다. 강상중의 책, 『살아야 하는 이유』를 인용하며, 돈, 애정, 건강, 노후 등 우리가 흔히 생각하는 '합격 기준'이 설정됨과 동시에, 이 기준이 높아지면서 행복보다는 불행이 더 쉽게 만들어졌다는 점을 지적한다. 저자는 구성원들이 느끼는 이 불만족의 근원을 탐구하며, 개인의 행복과 조직의 역할에 대해 질문을 던진다.

책에서 말하는 "가슴 속에 사표를 항상 지니고 생활하는 직장인"이라는 말은 내게도 크게 공감되었다. 나는 종종 '더 좋은 곳이 있을지도 모른다'는 생각과 '여기서도 행복할 수 있다'는 생각 사이에서 갈등했다. 행복이라는 단어는 점점 더 높아지는 기준 때문에 쉽게 닿을 수 없는 목표처럼 느껴졌다.

강상중이 앞서 언급한 책에서 말한 것처럼, 돈, 애정, 건강, 노후라는 기준은 너무나 익숙하지만, 그것이 만인이 손에 넣을 수 있는 것인지, 혹은 그것이 정말로 평범한 목표인지에 대해 나는 깊이 생각해 본 적이 없었다. 이 책은 나로 하여금 '행복의 합격 기준'이 누군가에 의해 발명되고 조작된 것이며, 내가 그것을 맹목적으로 좇아왔을 수 있다는 사실을 깨닫게 했다. 결국 행복은 외부의 기준에 따라 정해지는 것이 아니라, 나 스스로 정의해야 할 문제임을 다시금 인식하게 되었다.

이 책을 읽으며 나는 조직 속에서의 내 위치와 역할, 그리고 나의 행복에 대해 다시 한번 생각하게 되었다. 과거에는 행복을 조직이 제공하는 안정성과 보상에서 찾으려고 했던 것 같다. 하지만 이 책은 나에게 그것이 진정한 행복의 근원이 아니며, 결국 나만의 행복을 스스로 정의하고 찾아야 한다는 깨달음을 주었다.

특히, "가슴 속에 사표를 지니고 사는 삶"이라는 표현은 나에게 큰 울림을 주었다. 이는 단순히 조직을 떠날 자유를 의미하는 것이 아니라, 내 삶의 주도권을 내가 쥐고 있다는 상징처럼 느껴졌다. 나는 이제 조직에 완전히 종속되지 않고, 스스로의 기준에 따라 내 삶의 방향을 조정해야겠다고 결심했다. 사표라는 단어는 더 이상 두려움의 대상이 아니라, 나의 삶을 주체적으로 살아가기 위한 한 가지 선택지로 다가왔다.

또한, 행복의 합격 기준에 얽매이지 않는 삶을 살고 싶다. 돈, 애정, 건강, 노후라는 외부의 기준에 갇히지 않고, 내가 진정으로 원하는 것을 찾아야 한다. 행복의 방식은 사람마다 다를 수 있으며, 나는 내 방식대로 내 삶을 만들어가야 한다. 내가 내린 선택이 다른 사람의 기준에서 합격점이 아닐 수도 있지만, 그것이 나를 만족시키고 나의 삶을 풍요롭게 만든다면 충분히 가치 있는 선택이라고 생각한다.

이영롱의 『사표의 이유』는 조직 속에서의 나를 돌아보고, 행복이란 무엇인지를 다시 고민하게 만드는 책이었다. 행복은 외부에서 주어진 기준을 충족하는 데서 오는 것이 아니라, 내가 스스로 정의하고 만들어가는 것임을 이 책은 가르쳐 주었다.

나는 앞으로도 내 가슴 속에 '사표'를 지니고, 그것이 내가 내 삶을 주도적으로 살아가기 위한 선택지가 될 수 있도록 활용할 것이다. 더불어, 행복의 합격 기준이 아니라, 내 삶의 본질과 나의 가치를 중심으로 삶을 살아가고자 한다. 이 책은 직장과 조직에 대한 이야기를 넘어, 삶과 행복에 대한 깊은 통찰을 제공하며, 앞으로의 삶을 설계하는 데 중요한 기준을 제시해 주었다. 『사표의 이유』는 나에게 다시 한번 행복의 본질에 대해 질문하게 만든 중요한 책이었다.

5. 소금의 맛으로 삶을 이해하다: 『소금』(박범신)

　박범신의 『소금』은 단순한 양념 이상의 의미를 가진 소금을 통해 삶의 본질을 탐구하는 소설이다. 소금은 단맛, 신맛, 쓴맛, 짠맛을 모두 품고 있어, 그것이 없으면 모든 맛이 무의미해지는 존재다. 이 소설은 소금의 다양한 맛이 우리 삶의 단면을 닮았다고 말하며, 인생이란 달콤한 순간과 신랄한 고통, 짠 균형, 쓴 고통의 어우러짐임을 보여준다.

　저자는 소금을 통해 인간이 겪는 희로애락과 삶의 복잡한 조화를 이야기한다. 염도가 높아지면 쓴맛이 강해지듯, 삶도 지나친 욕망이나 감정은 고통과 후회를 가져올 수 있다. 반면 적절한 균형과 조화 속에서 우리는 삶의 진정한 맛을 느낄 수 있다. 이 소설은 단순히 소금의 맛을 이야기하는 것이 아니라, 인간이 살아가며 겪는 인생의 깊이와 의미를 조명한다.

　이 책을 읽으며, 나의 고등학교 2학년 겨울방학이 떠올랐다. 그 겨울, 아버지가 지게에 소나무를 가득 지고 저수지 옆 길을 천천히 걸어오시던 모습이 아직도 눈에 선하다. 아버지는 이미 건강이 좋지 않으셨고, 한 달 뒤 두 어깨 위의 무거운 지게 끈과 함께 세상과의 인연의 끈도 함께 내려놓으셨다. 그때의 기억은 내게 슬픔 이상의 의미를 남겼다.

아버지가 지게를 지고 걸어오시는 모습은 마치 소금 같았다. 인생의 짠맛, 쓴맛을 묵묵히 감내하며 가족을 위해 자신을 바치셨던 분이셨다. 아버지의 삶은 결코 단맛만으로 이루어진 것이 아니었다. 신랄한 순간과 쓴 고통을 함께 견디며 가족을 위해 노력하시던 모습은 그 자체로 깊은 울림을 주었다.

이 소설을 읽으며 아버지의 모습이 떠오른 것은, 소금이 인생의 여러 맛을 품고 있듯, 나의 삶 속에서도 아버지가 보여주셨던 희생과 사랑이 단맛과 쓴맛의 조화로 존재했기 때문이다. 삶은 결코 단맛만으로 이루어질 수 없다. 그러나 그 모든 맛이 어우러져야 비로소 삶의 진정한 깊이를 느낄 수 있음을 깨달았다.

이 책은 나로 하여금 내 삶의 소금 같은 순간들을 돌아보게 했다. 아버지가 보여주셨던 짠맛과 쓴맛, 그리고 그 속에 숨겨진 깊은 사랑은 내가 지금 살아가는 데 중요한 기반이 되었다. 나는 종종 단맛만을 추구하며 살아가려 했던 적이 있다. 그러나 이 책은 내게 단맛만으로는 삶이 채워질 수 없음을 가르쳐 주었다.

소설 속에서 말한 것처럼, 소금은 적절한 조화를 이룰 때 진정한 맛을 낸다. 내 삶에서도 내가 겪었던 고통, 슬픔, 그리고 희망이 모두 어우러져야 비로소 삶의 본질에 가까워질 수 있음을 느꼈다. 내가 겪었던 아버지의 떠남이라는 쓴맛은 나를 성장시키고, 내가 가진 모든 순간을 더욱 소중하게 여기게 만드는 계기가 되었다.

이제 나는 내 삶의 소금 같은 순간들을 감사하며, 그 속에서 균형을 찾으려 한다. 삶의 짠맛과 쓴맛을 피하려고만 하지 않고, 그것을 내 삶의 일부로 받아들이는 태도를 가져야겠다고 다짐했다. 단맛과 신맛, 쓴맛과 짠맛이 어우러질 때 비로소 내 인생도 더 깊은 의미를 가질 것이라 믿는다.

박범신의 『소금』은 단순히 소금의 맛을 넘어, 인생의 복합적인 맛과 조화를 깨닫게 해준 책이다. 이 소설은 내 삶 속의 단맛, 신맛, 짠맛, 쓴맛을 돌아보게 했고, 그것들이 어우러져야 비로소 삶의 깊이가 완성된다는 메시지를 남겼다.

나는 앞으로도 내 삶의 소금 같은 순간들을 기억하며, 그 속에서 균형과 조화를 찾으려 한다. 삶이 때로는 쓰고 짠맛을 가질지라도, 그것은 결국 내 인생의 본질을 만들어가는 중요한 요소일 것이다. 『소금』은 나에게 이러한 깨달음을 주며, 앞으로의 삶을 더 깊이 음미하게 만드는 책으로 남을 것이다.

6. 유한함 속에서 삶의 의미를 찾다:
『우리는 언젠가 죽는다』(데이비드 실즈)

데이비드 실즈의 『우리는 언젠가 죽는다』는 인간의 유한성을 직시하며, 이 사실을 어떻게 받아들여야 할지 성찰하게 하는 책이다. 조너선 레덤은 이 책을 "지상에 잠깐 머물도록 정해진 우리의 운명을 가르쳐 주는 교과서"라고 평했다. 책은 철학자, 과학자, 시인의 말을 인용하며, 우리가 언젠가 끝날 삶을 어떻게 받아들이고 살아야 할지 질문한다.

루소는 "사람의 인생은 모두 같다. 10세에는 사탕에, 20세에는 이성에, 30세에는 쾌락에, 40세에는 야망에, 50세에는 탐욕에 휘둘린다. 그 후에는 지혜를 추구한다"라고 했다. 생물학자 윌슨은 다원적 시각에서 생물은 자신을 위해 사는 것이 아니라, DNA를 번식시키는 도구일 뿐이라고 말했다. 영국의 시인 에드워드 영은 "사람은 30세에 자신이 바보인가 의심하고, 40세에 자각하며, 50세에 부끄러워하고 목표를 다지지만 결국 달라질 것 없이 죽는다"라고 썼다.

이 책은 다양한 관점의 사유를 통해 삶이 유한하다는 사실을 받아들이고, 그 속에서 자신의 삶을 어떻게 의미 있게 만들어갈지 고민하게 한다.

이 책을 읽으며 나 역시 내 삶의 유한성을 생각하지 않을 수 없었다.

우리의 삶은 시작부터 끝이 정해져 있다. '사람은 모두 죽는다'는 너무나 당연한 사실이지만, 그 의미를 깊이 성찰하는 일은 쉽지 않다. 데이비드 실즈는 이 당연한 진리를 마주하며, 죽음을 삶의 끝이 아니라 삶의 본질을 돌아보게 만드는 기회로 삼아야 한다고 말한다.

윌슨의 "생물은 자신을 위한 존재가 아니다"라는 말은 나에게 충격적이었다. 우리는 종종 자신이 인생의 주인공이라고 믿지만, 생물학적으로 보면 우리는 단지 유전자의 운반체일 뿐이다. 이러한 관점은 나에게 질문을 던졌다. 그렇다면 나의 삶은 무엇을 위해 존재하는가? 유전자의 도구로만 살 것인가, 아니면 내 고유의 의미를 찾아야 하는가? 이 질문은 내가 삶의 본질을 다시 고민하게 만들었다.

또한 루소와 에드워드 영의 말은 내 나이와 삶의 궤적을 돌아보게 했다. 나는 지금 무엇에 휘둘리고 있는가? 무엇을 위해 살아가고 있는가? 나의 목표와 결의는 진정한 변화로 이어지고 있는가? 이 질문들은 내가 현재의 삶을 어떻게 받아들이고 있는지 점검하게 했다. 책에서 지적한 것처럼, 우리는 종종 자신이 언젠가 변할 것이라 기대하며 머뭇거리지만, 결국 변화하지 못한 채로 죽음을 맞이한다. 이 깨달음은 내게 지금 이 순간을 더 진지하게 살아야 한다는 강한 동기를 부여했다.

이 책은 나에게 삶의 유한성을 받아들이는 것이 두려움이 아니라 해방의 시작임을 가르쳐 주었다. 나는 죽음이 언젠가 다가올 불가피한 사건이라면, 그 순간까지 내가 살아가는 방식을 스스로 정의해야 한다고 느꼈다. 윌슨의 말처럼, 내가 단순히 유전자의 도구로 남지 않으려면, 나만의 고유한 의미를 만들어가야 한다.

이제 나는 더 이상 먼 미래에 기대거나 변화를 미루지 않기로 했다. 죽음을 피할 수 없다면, 지금 내가 가진 시간 속에서 내가 원하는 삶을 만들어야 한다. 과거의 실패와 후회는 지금의 나를 이루는 자양분으로 삼고, 미래에 대한 두려움은 더 나은 선택의 동력으로 바꾸려 한다.

데이비드 실즈의 『우리는 언젠가 죽는다』는 삶의 유한성을 직시하고, 그 속에서 자신의 의미를 찾아가는 여정을 제시한다. 이 책은 나에게 내가 지금 살아가는 방식을 재점검하고, 시간의 흐름 속에서 나만의 고유한 무늬를 새길 기회를 주었다. 우리는 언젠가 모두 죽는다. 하지만 그 유한성 속에서 우리는 스스로 의미 있는 삶을 만들어갈 수 있다. 이 책은 나에게 그 사실을 깊이 깨닫게 해준 소중한 지침서가 되었다.

> 97세가 된 아버지께서 말씀하셨다.
> '늙는데 위안이 있기는 하지, 이 일을 다시는 안해도 된다는것'
> 그리고 "죽는건 쉽다. 아무리 못난 사람이라도 그건 하더니 사는게 재주지'

7. 내 마음과 삶의 주인이 된다는 것:
『매달린 절벽에서 손을 뗄 수 있는가?』(강신주)

강신주의 『매달린 절벽에서 손을 뗄 수 있는가?』는 선불교의 화두를 통해 삶의 본질과 방향성을 탐구하는 철학 에세이다. 화두는 불교에서 깨달음을 얻기 위해 던지는 질문이자, 인간 존재의 본질을 깨닫게 하는 도구다. 이 책은 고전 화두집 『무문관』과 『벽암록』의 이야기를 바탕으로 현대인의 삶과 연결 지으며, 자유와 주체성을 되찾는 법을 제시한다.

책 속에서 저자는 "나이를 먹었다고 어른이 되는 것은 아니다"라고 단언하며, 진정한 어른이 되기 위해 필요한 것은 삶을 스스로 결정할 수 있는 힘과 자유라고 말한다. 그리고 이 힘과 자유는 용기를 갖고 스스로 싸워 얻어야 하는 것임을 강조한다. 이 책은 삶에 대한 다양한 화두들에 대해 함께 고민하기를 초대하는 동시에, 이를 통해 삶의 방향을 다시 설정하여 진정한 어른으로 성장하기 위한 용기를 독자에게 불어넣는다.

책에서 던지는 여러 화두 중 인상 깊었던 이야기를 하나 소개하고자 한다.

어느 날, 사찰에서 깃발이 바람에 나부끼고 있었다. 이를 본 두 스님이 논쟁을 벌였다. 한 스님은 깃발이 움직이고 있다고 주장하며, 바람을 타고 흔들리는 깃발의 모습을 강조했다. 반면, 다른 스님은 바람이 움직이는 것이라며, 깃발은 단지 바람에 반응하는 것뿐이라고 말했다. 두 스님이 서로의 주장을 굽히지 않으며 논쟁이 길어지던 그때, 육조 혜능이 나서서 말했다.

"깃발이 움직이는 것도, 바람이 움직이는 것도 아니다. 그대들의 마음이 움직이고 있을 뿐이다."

이 이야기는 우리의 집착과 고정관념을 돌아보게 했다. 깃발과 바람의 움직임에 마음을 뺏긴 스님들은 정작 중요한 깨달음을 놓치고 있었다. 우리의 마음이 무엇인가에 집착하면, 주변의 아름다움이나 타인의 이야기가 들어올 여지가 사라진다. 결국, 우리가 보고 느끼는 모든 것은 우리의 마음이 만들어내는 것이다.

이 책에서 가장 강렬했던 메시지는 "수처작주 입처개진(**隨處作**主 **立處皆眞**)"이었다. 이는 "현재의 삶에서 주인이 된다면, 서 있는 곳마다 모두 참되다"라는 뜻이다. 삶은 한 번뿐인 소중한 여정이다. 출발지나 목적지에 집착하기보다 지금 이 순간, 내가 걷고 있는 길에 집중하는 것이 중요하다. 각 걸음마다 주인이 되어 현재를 온전히 받아들일 때, 비로소 타인에게도 따뜻한 시선을 줄 수 있다. 반면, 목적지에만 매달린 사람은 스스로를 돌보는 여유를 잃게 되고, 타인에게도 무심해지기 쉽다.

책은 우리가 자신의 발걸음마다 주인이 될 때, 삶의 여유와 참됨을 느낄 수 있다고 가르쳐 준다. 중요한 것은 내가 현재 어떤 마음으로 이 길을 걷고 있느냐는 것이다.

이 책은 삶을 온전히 자신의 것으로 살아가는 방법을 알려준다. 나 또한 바쁜 일상 속에서 가끔 마음이 어딘가로 쏠려 있을 때가 많다. 그러나 마음이 한 곳에만 붙잡혀 있다면, 주변의 소소한 행복들을 놓칠 수 있다.

길을 걷다가 만난 노란 은행잎, 커피 한 잔의 따뜻함, 사랑하는 사람의 미소처럼, 우리 일상 속에도 충분히 아름다운 순간들이 있다.『매달린 절벽에서 손을 뗄 수 있는가?』는 현재를 느끼고 삶의 주인이 되는 법을 가르쳐 주며, 소소한 행복으로 가득 찬 여유로운 삶의 방향을 제시한다.

삶의 걸음걸음이 참되고 여유롭다면, 매 순간이 우리의 봄날이 될 것이다.

1. 다른 사회와의 만남을 통한 관용의 발견 : 『나는 빠리의 택시 운전사』
2. 시장의 가치와 도덕성에 대한 질문 : 『돈으로 살 수 없는 것들』
3. 억압과 방황 속에서 성장하는 청춘의 초상 : 『수레바퀴 아래서』
4. 질병 속에서 드러나는 인간의 본질 : 『페스트』
5. 두 개의 거울로 비추어 본 사회 : 『악역을 맡은 자의 슬픔』
6. 프레임과 언어가 결정짓는 사고와 행동 : 『코끼리는 생각하지 마』
7. 과거와 현재를 잇는 기적 같은 이야기 : 『나미야 잡화점의 기적』
8. 자유와 권력의 균형에 대한 깊은 탐구 : 『자유론』
9. 전쟁과 고통을 바라보는 우리의 시선 : 『타인의 고통』
10. 인간관계와 사회 구조의 깊이에 관하여 : 『연을 쫓는 아이』

# 4장
사회적 동물: 관계 속의 인간

1. 다른 사회와의 만남을 통한 관용의 발견:
『나는 빠리의 택시 운전사』(홍세화)

홍세화의 『나는 빠리의 택시 운전사』는 단순히 파리에서의 삶을 기록한 회고록을 넘어, 한국 사회와 프랑스 사회를 비교하며 관용(똘레랑스)의 의미를 탐구한 책이다. 1995년 처음 발행 당시 이 책은 우리 사회에 '똘레랑스'라는 개념을 유행시켰다. 똘레랑스는 관용의 미덕을 넘어, 다른 사람의 생각과 행동, 정치적·종교적 의견의 자유를 존중하는 것을 의미한다.

책은 저자의 개인적 경험과 철학을 통해 두 사회의 차이를 조명한다. 특히, 프랑스 시민들이 파업으로 인해 겪는 불편을 감내하면서도 노동자의 권리를 존중하는 태도는 인상적이다. "우리 이용자가 불편을 겪는다고 지하철 노동자의 파업권을 제한하면, 언젠가 그 제한의 목소리가 바로 우리에게도 닥칠 것이다"라는 프랑스 시민들의 말은 성숙한 시민의식의 본보기가 된다.

책을 읽는 내내 그 의미를 곱씹어 보게 만든 단어는 바로 '똘레랑스'였다. 우리가 다른 사람의 자유와 권리를 얼마나 존중하고 있는지, 그리고 그것이 우리 사회에 어떤 영향을 미치고 있는지를 끊임없이 물어보게 되는 그런 단어였다. 또 프랑스 사람들에게 그 단어는 과연 어떤 의미를 가지는 것일까?

그러던 중, 프랑스 시민들의 파업에 대한 태도는 나에게 큰 울림을 주었다. 한국에서는 종종 파업이 불편함이나 혼란의 원인으로만 비춰지곤 한다. 하지만 프랑스 시민들은 자신의 불편을 넘어, 노동자의 권리 보장이 결국 자신들의 권리로 연결된다는 깊은 이해를 보여준다. 이는 사회적 연대와 성숙한 시민의식을 기반으로 한 태도로, 내가 속한 사회와 크게 대조된다. 이것이 프랑스 사람들에게 똘레랑스가 가지는 의미를 보여주는 여러 모습들 중 하나가 아니었나 싶다.

이 책은 내가 살아가는 사회에서의 관용과 연대를 다시 생각하게 했다. 나는 종종 나와 다른 생각이나 행동을 비판하거나 이해하지 못한 채 지나치곤 했다. 하지만 책을 다 읽은 후의 나는 똘레랑스란 단순히 다른 의견을 용인하는 것이 아니라, 그것을 적극적으로 존중하는 태도임을 알 수 있었다.

내가 불편하기 때문에 다른 사람의 자유를 제한한다면 언젠가는 그 제한의 영향이 나에게도 분명히 미치게 된다는 그들의 의식이 서로를 불편하게 하며 짜증과 분노로 하루를 보내는 나 자신, 또는 누군가에게 반드시 전해지길 기대한다. 나와 다른 사람의 권리는 분명히 연결되어 있다. 『나는 빠리의 택시 운전사』는 불편함 속에서도 함께 살아가는 사회를 만들어가기 위한 연대의 가치를 잊지 않게 해준 책으로 오랫동안 잊히지 않을 것이다.

2. 시장의 가치와 도덕성에 대한 질문:
『돈으로 살 수 없는 것들』(마이클 샌델)

마이클 샌델의 『돈으로 살 수 없는 것들』은 자본주의 시장이 경제적 효율성을 넘어 도덕적, 사회적 가치까지 침범하고 있는 현실을 통렬히 비판하는 책이다. 샌델은 돈으로 살 수 없는 것들조차 시장의 논리에 의해 거래 가능해지는 오늘날의 문제를 지적하며, 시장의 도덕성을 되찾기 위한 근본적인 논의를 제안한다. 즉 시장의 가치 판단 기준이 무엇인가를 말하고 있는 것이다.

이 책은 『정의란 무엇인가』에서 제기했던 철학적 질문과 연결되지만, 더 구체적으로 "어떤 것이 시장에서 거래될 수 있는가?"라는 문제를 다룬다. 저자는 시장 지상주의가 어떻게 공동체적 가치를 희생시키며, 경제적 불평등을 심화시키는지 다양한 사례를 통해 보여준다. 특히 2008년 금융위기로 드러난 시장지상주의의 한계와 자본주의에 대한 회의는 이 책의 중요한 배경이 된다. 샌델은 제도적 개선뿐만 아니라, 시장을 바라보는 우리의 가치와 태도 자체를 재정립해야 한다고 강조한다.

이 책을 읽으며 가장 인상 깊었던 것은 시장과 도덕성 사이의 균형을 논의한 부분이다. 샌델은 돈이 모든 가치를 지배할 때, 공동체적 연대와 도덕적 판단이 약화된다고 경고한다. 나는 이 부분에서 한국 사회의 현실과 연결해 생각해 보게 되었다.

장하성 교수가 언급했듯, 우리는 종종 기득권자들의 불법적이고 비도덕적인 행위를 경제 발전이라는 명분으로 정당화하는 모습을 보아 왔다. 예를 들어, 대기업의 불공정 거래나 탈세와 같은 문제는 경제적 기여를 이유로 묵인되거나 경감되는 경우가 많다. 이러한 사례는 시장의 도덕적 붕괴를 방치하면서 사회적 불평등과 공동체 가치를 훼손하는 결과를 낳는다.

또한 프랑스와 같은 국가에서는 '돈으로 모든 것을 해결할 수 없다'는 공감대가 형성되어 있지만, 한국 사회에서는 여전히 경제적 성공이 도덕적 판단을 넘어서는 경향이 강하다. 이 책은 우리 사회가 왜 공동체적 가치를 돈으로 환산하려는 유혹에 저항해야 하는지 깊이 생각하게 만들었다.

샌델의 주장은 단편적으로 시장의 규제를 강화하거나 제도를 바꾸는 데 그치지 않는다. 그는 우리 스스로가 시장을 바라보는 관점을 근본적으로 바꾸어야 한다고 말한다. 돈으로 살 수 없는 것들에 대한 논의는 단순히 경제 문제를 넘어, 우리가 어떤 가치를 공유하며 살아갈 것인가에 대한 철학적 질문이다.

나는 이 책을 통해 시장에서의 거래를 넘어선 인간적 가치를 되새기게 되었다. 돈으로 살 수 없는 가치, 예를 들어 인간의 존엄성, 환경 보호, 그리고 사회적 연대는 우리가 경제적 효율성보다 우선시해야 할 요소들이다. 책은 이러한 가치들이 우리의 삶에서 더 중심적인 위치를 차지하도록 하는 것이 궁극적으로 더 나은 사회로 나아가는 길임을 일깨워 준다.

경제 구조를 어떻게 바꿔야 하는가에 대한 문제는 다루지 않았지만 시장의 도덕성을 회복하고 공개적으로 도덕적 가치를 논의해야 한다는 샌델의 제안은 경제구조 개혁의 일정한 방향성을 제시한 것이다. 더 나아가 기득권자들의 불공정성이 고착화되고 공동체의 가치를 경제적 가치로 대체하는 부패가 만연하는 우리나라의 시장 경제 개혁에도 훌륭한 교훈이 될 것이다.

"정당하게 행동함으로써 정당해지고, 용감하게 행동함으로써 용감해진다"라는 아리스토텔레스의 말처럼 근본적인 도덕적 판단과 공동체적 가치를 생각해 보는 토론의 장이 우리 사회에 지속적으로 마련되기를 바라 본다.

3. 억압과 방황 속에서 성장하는 청춘의 초상: 『수레바퀴 아래서』(헤르만 헤세)

헤르만 헤세의 『수레바퀴 아래서』는 청소년기의 억압과 방황을 다룬 작품으로, 주인공 한스 기벤라트의 삶을 통해 개인의 자유와 사회적 기대의 충돌을 탐구한다. 헤세 자신의 경험을 바탕으로 한 이 소설은 단순히 한 소년의 성장 이야기가 아니라, 현대 사회에서 청년들이 겪는 압박과 좌절을 반영하는 보편적인 자화상이다.

한스는 명문 신학교에 입학하며 촉망받는 학생으로 주목받지만, 사회의 기대와 강요된 기준 속에서 점차 자기 자신을 잃어간다. 결국 그는 학업과 사회적 규범의 무게에 눌려 심리적 고통을 겪고, 비극적인 결말을 맞이한다. 헤세는 이 작품을 통해 우리 모두가 속박당하고 억압받는 '수레바퀴 아래'에서 어떻게 살아가야 하는지 질문을 던진다.

오늘날 우리 사회에서도 '수레바퀴 아래'에서 살아가는 청년들의 모습은 흔히 볼 수 있다. 대학 입시, 취업 준비, 그리고 사회적 성공에 대한 과도한 기대는 많은 젊은이들에게 한스와 같은 무게를 짊어지게 한다. 이 작품은 내게 이러한 현대적 문제를 되돌아보게 만들었다.

내 학창 시절에도 '최고가 되어야 한다'는 사회적 압박은 늘 존재했다. 좋은 성적, 바람직한 진로, 그리고 인정받는 삶이라는 무형의 기준은 나에게도 무거운 수레바퀴처럼 느껴졌다. 하지만 이 책을 읽으며, 나는 그 무게가 단지 외부에서 주어진 것이 아니라, 스스로 짊어지고 있다고 느끼게 되었다.

헤세는 한스의 이야기를 통해, 억압적인 사회와 권위적인 환경이 어떻게 개인의 자유와 정체성을 억누르는지를 보여준다. 특히 한스가 고향의 친구들과 즐기던 순수하고 자유로운 순간들을 잃어가는 과정은, 우리가 어떻게 자신을 잃고 사회적 틀에 갇히게 되는지를 상징적으로 드러낸다. 이 부분은 나로 하여금 나의 삶에서 무엇이 나를 짓누르고 있는지 고민하게 만들었다.

이 책은 단순히 억압과 방황에 대한 이야기가 아니라, 그 속에서 우리가 어떻게 삶을 주체적으로 살아가야 하는지를 묻는다. 한스의 비극적인 결말은 우리 모두에게 경종을 울린다. 사회적 기대와 억압이 아무리 크더라도, 우리는 수레바퀴 아래 깔린 존재가 아니라, 그 수레바퀴를 움직이는 주체가 되어야 한다.

나는 이 작품을 통해 삶의 무게를 견디는 방식을 다시 생각하게 되었다. 때로는 외부의 압박을 인정하고, 그 안에서 내가 할 수 있는 최선을 다하는 수레바퀴가 되어야 한다는 깨달음을 얻었다. 그러나 동시에, 수레바퀴의 방향은 내가 정해야 하며, 다른 사람과 함께 이상을 향해 나아가야 한다는 점도 느꼈다.

수레바퀴가 단지 무겁고 힘든 삶의 상징만이 아니라, 공동의 꿈과 사랑을 싣고 나아가는 도구가 될 수 있음을 기억하자. 나 또한 나만의 수레바퀴를 만들어가며, 내가 원하는 이상과 목표를 향해 앞으로 나아가야겠다는 다짐을 하게 되었다.

4. 질병 속에서 드러나는 인간의 본질:
『페스트』(알베르 카뮈)

알베르 카뮈의 『페스트』는 1940년대 알제리의 해안 도시 오랑에서 벌어진 페스트 창궐을 배경으로, 인간이 절망과 혼란 속에서도 어떻게 연대와 희망을 찾아가는지 탐구한 작품이다. 페스트는 단순히 질병이 아니라 인간의 이기심, 공포, 그리고 연대 의식을 시험하는 상징적 존재로 그려진다.

주인공 리유는 의사로서의 책임을 다하며 환자를 치료하고, 타루는 자원봉사대를 조직해 시민을 구한다. 그들은 각자의 방식으로 절망적인 상황 속에서도 인간다운 삶을 지키려 애쓴다. 이들의 행동은 단순한 생존 그 이상을 목표로 한 것이며, 공동체의 가치와 희망을 일깨우는 역할을 한다.

이 책을 읽으며, 나는 자연스럽게 최근의 코로나19 팬데믹과 세월호 참사를 떠올렸다. 두 사건은 『페스트』 속 오랑의 모습과 놀라울 정도로 닮아 있었다. 페스트가 오랑의 일상을 붕괴시키듯, 코로나19는 전 세계를 멈춰 세웠고, 세월호 참사는 우리 사회의 연대와 책임 의식을 시험대에 올렸다.

더욱 놀라운 것은, 책 속 페스트가 시작된 날짜인 4월 16일이 세월호 참사와 동일하다는 점이었다. 이로 인해 오랑의 상황이 안산과 겹쳐지는 듯한 기분이 들었다. 내가 이 소설을 읽으며 느꼈던 공포와 혼란은, 단지 책 속 이야기만이 아니라 우리가 겪은 실제 상황과 맞물리며 더 깊은 울림을 주었다.

그럼에도 불구하고, 두 사건과 페스트 속에서도 빛나는 순간들이 있었다. 코로나19 사태 때에는 항공우주복처럼 완전히 차단된 안전복을 입고 환자를 돌보던 간호사들이 있었고, 세월호 참사에서는 선사의 한 여직원이 목숨을 아끼지 않고 구조 활동에 헌신했다. 그리고 『페스트』 속에서는 타루가 자원봉사대를 조직해 시민들을 구했다. 이들은 모두 자신을 희생하며 타인의 생명을 구했고, 이러한 행동은 위기 상황 속에서도 인간다움을 잃지 않는 모습을 상징적으로 보여준다.

알베르 카뮈의 『페스트』는 단순히 전염병과 싸우는 이야기가 아니라, 절망적인 상황 속에서도 인간다운 삶을 지키려는 연대와 헌신의 중요성을 이야기한다. 코로나19와 세월호 참사는 우리가 얼마나 쉽게 서로의 책임을 망각할 수 있는지를 보여주었지만, 동시에 위기 속에서도 누군가는 희망을 만들어가는 역할을 한다는 것을 상기시켰다.

타루는 "사람은 모두 자신 속에 페스트를 지니고 있으므로 정직한 사람이 되어야 한다"라고 말한다. 여기서 "정직한 사람은 스스로를 돌아보고 병독을 옮기지 않으려 노력하는 사람"이라는 메시지는 우리가 어떻게 살아야 하는지에 대한 철학적 지침이다. 피로하지만, 더 나은 공동체를 위해 일상에서도 해이해지지 않는 긴장과 노력을 지속하는 것이야말로 연대와 책임을 통해 우리가 병독을 극복하고 희망을 지킬 수 있는 길임을 보여준다. 『페스트』는 이러한 점에서, 오늘날 우리가 직면한 위기 속에서도 반드시 되새겨야 할 교훈을 준다.

> 절망이 익숙해지는 것은
> 절망 그 자체보다 더 나쁜 것이었다.

5. 두 개의 거울로 비추어 본 사회:
   『악역을 맡은 자의 슬픔』(홍세화)

　홍세화의 『악역을 맡은 자의 슬픔』은 저자가 프랑스에서 겪은 경험을 바탕으로, 한국 사회와 프랑스 사회를 비교하며 바른 사회의 방향에 대해 고민한 책이다. 저자는 두 개의 거울을 사용해 사회를 성찰한다. 하나는 과거를 돌아보게 하는 거울이고, 다른 하나는 프랑스라는 사회적 거울이다. 이 두 거울을 통해 저자는 우리 사회의 문제점을 비판적으로 바라보고, 우리가 어떤 방향으로 나아가야 하는지 묻는다.

　책의 중심에는 '악역'이라는 개념이 있다. 저자는 똘레랑스(관용)의 온화함이 엥똘레랑스(불관용)에 대한 단호함을 기반으로 해야 한다고 주장한다. 즉, 무분별한 관용은 오히려 사회를 더 무디고 혼란스럽게 만들기 때문에, 비판적이고 단호한 태도로 사회적 악과 싸워야 한다는 메시지를 전달한다.

　책에서 가장 깊은 인상을 준 부분은 노동자의 연대와 그 중요성을 논한 대목이다. 저자는 자본과 권력이 노동자의 힘을 분산시키기 위해 어떻게 차별과 위화감을 조장하는지를 지적한다. 정규직, 비정규직, 외국인 노동자 간의 차별은 단순히 경제적 불평등을 초래하는 것이 아니라, 노동자들 사이의 연대 의식을 파괴하고 힘의 균형을 자본에 유리하게 만든다.

　이 부분을 읽으며, 한국 사회에서 노동자들이 겪는 현실이 떠올랐다.

대규모 정리해고와 비정규직의 증가, 외국인 노동자에 대한 차별 등은 우리가 이미 익숙하게 보아온 풍경이다. 저자는 이런 상황에서 프랑스 노동자들이 어떻게 사회적 투쟁과 연대를 통해 권력과 자본의 힘에 맞서 왔는지를 보여준다. 그리고 사회적 연대란 바로 자아실현과 생존의 양면에서 불평등을 당하고 있는 사람들에 대한 배려를 말하며 그것을 법적으로 제도화시켜 각종 사회보장제와 조세제도로 현실화되는 것이라고 강조한다. 오늘 해고된 동료를 위한 연대 투쟁이 내일 자신의 권리를 지키는 길이라는 깨달음은, 한국 사회에서도 반드시 되새겨야 할 교훈이다.

홍세화의 『악역을 맡은 자의 슬픔』은 단순히 사회를 비판하는 데 그치지 않고, 우리가 어떻게 바람직한 사회로 나아갈 수 있는지를 고민하게 만든다. 저자가 강조하는 '악역'은 단순한 비난자가 아니라, 사회적 악과 싸우는 데 필요한 비판적 태도와 실천을 의미한다.

노동자의 연대와 힘이 약화되는 현실 속에서, 우리는 자본과 권력이 노동자들을 분열시키려는 시도에 얼마나 쉽게 휘둘리고 있는지 돌아봐야 한다. 프랑스 노동자들이 연대를 통해 권리를 지키는 모습을 보며, 우리는 비판적 태도와 연대의 중요성을 다시금 배워야 한다.

이 책은 우리에게 질문을 던진다. 사회에 만연해 있는 악에 대해 단호히 맞서고 있는가? 우리의 일상 속에서 비판적 사고를 실천하며, 무뎌지지 않는 칼날로 사회적 불의와 싸우고 있는가? 이 질문은 단순히 개인의 성찰로 끝나지 않고, 우리 사회의 방향을 결정짓는 중요한 기준이 될 것이다. 『악역을 맡은 자의 슬픔』은 이러한 태도가 오늘날 우리에게 얼마나 필요한지 일깨워 주는 소중한 책이다.

6. 프레임과 언어가 결정짓는 사고와 행동: 『코끼리는 생각하지 마』(조지 레이코프)

조지 레이코프의 『코끼리는 생각하지 마』는 우리가 세상을 이해하고 행동하는 방식을 형성하는 프레임, 다시 말하면 생각의 틀의 중요성을 다룬다. 레이코프는 사람들이 단순히 사실이나 진실에 따라 판단하지 않는다고 강조한다. 우리의 가치 체계와 이를 강화하는 언어가 사고를 지배하며, 이로 인해 정치적 선택과 사회적 행동이 결정된다고 본다.

특히, 정치에서 프레임은 정책과 제도를 형성하고 대중의 사고방식을 조정한다. 따라서 프레임을 재구성하는 것은 단순한 생각의 변화가 아니라, 상식과 사회적 통념을 바꾸는 일이다. 그러므로 프레임을 재구성하는 것이 곧 사회적 변화이며 시스템 자체가 바뀌는 것이다. 이를 위해 새로운 언어를 만들어 사용하는 것이 필요하며, "다르게 생각하려면 우선 다르게 말해야 한다"라는 저자의 메시지가 이 책의 핵심 내용이다.

토마스 프랭크의 『왜 가난한 사람들은 부자를 위해 투표하는가』라는 책을 읽은 적이 있다. 조지 레이코프의 『코끼리는 생각하지 마』는 큰 흐름에서 이와 비슷한 내용을 담고 있다. 왜 서민들이, 가난한 사람들이, 부자와 대기업의 이익을 대변하는 보수 정당에 투표할까? 조지 레이코프는 "사람들은 반드시 자기의 이익에 따라 투표하지 않고 자신의 정체성에 따라 혹은 자신의 가치에 따라 투표하기 때문에 자신이 동일시하고픈 대상에게 투표한다. 그래서 정체성과 이익이 일치한다면 당연히 그쪽에 투표할 것이지만 단순히 자기 이익에 따라 투표한다는 가정은 심각한 오해다"라고 말한다.

진보 진영은 서민들이 보수 정당의 정체를 모르기 때문이라고 생각한다. 따라서 진실을 알려주고 이해시키기만 하면 이들이 돌아설 것이라고 믿는다. 하지만 레이코프는 "사실 혹은 진실만이 우리를 자유롭게 하리라는 생각"이 환상이라고 말한다.

진실만으로 자유로워질 수는 없다. 사람들은 자신의 가치 체계와 그 가치를 떠올리게 하는 언어와 프레임에 근거하여 정치와 후보자에 대해 판단한다. 바로 그렇기 때문에 많은 사람들이 자기 이웃과는 반대로 투표하는 것이다. 그들을 투표소로 이끄는 동기는 바로 그들의 가치이며, 보수주의자의 경우에는 '엄격한 권위주의적 가치'다.

프레임이란 결국 우리가 세상을 바라보는 방식을 형성하는 정신적 구조물이다. 프레임은 우리가 추구하는 목적, 우리가 짜는 계획, 우리가 행동하는 방식, 그리고 우리가 내리는 좋고 나쁜 결과를 결정한다.

결론적으로 프레임을 재구성한다는 것은 대중이 세상을 보는 방식을 바꾸는 것이다. 그것은 상식으로 통용되는 것을 바꾸는 일이다. 프레임은 언어로 작동하기 때문에 새로운 프레임을 위해서는 새로운 언어가 필요하다. "다르게 생각하려면 우선 다르게 말해야 한다."

7. 과거와 현재를 잇는 기적 같은 이야기:
『나미야 잡화점의 기적』(히가시노 게이고)

히가시노 게이고의 『나미야 잡화점의 기적』은 기묘하고도 감동적인 이야기를 통해 사람과 사람 사이의 관계와 인연의 힘을 탐구하는 작품이다. 오래된 잡화점에서 도둑질을 하던 세 명의 청년이 우연히 과거로부터 온 상담 편지들을 발견하며 이야기가 시작된다. 그들은 편지에 답장을 쓰기 시작하며, 과거와 현재가 연결되고, 상담자의 인생에 영향을 미치는 놀라운 경험을 하게 된다.

책은 독특한 구성과 정교한 플롯으로 과거와 현재, 그리고 미래를 뫼비우스의 띠처럼 이어간다. 각 사건과 사연들이 복잡하게 얽히고, 결국에는 모든 이야기가 하나의 결말로 수렴되는 구조는 독자에게 깊은 인상을 남긴다.

이 책은 조지 오웰의 『1984』를 읽었을 때와 비슷한 느낌을 주었다. 비록 주제는 다르지만, 『나미야 잡화점의 기적』은 그만큼 참신하고 신선한 구성으로 독자를 사로잡는다. 작가가 추리 소설을 많이 쓴 이력을 가지고 있다는 점이 책을 다 읽고 나니 더욱 납득이 갔다. 플롯의 짜임새가 마치 잘 짜인 그물 같았고, 과거와 현재, 미래를 잇는 보이지 않는 끈은 모든 사연과 인연을 연결하는 역할을 했다.

특히 책 속의 각 사연과 사건이 고아원을 중심으로 이어지는 모습은 감동적인 드라마나 다큐멘터리를 보는 것 같은 느낌을 주었다. 비틀즈의 음악이 곳곳에서 등장하며 인물들의 이야기를 풍성하게 하는 부분도 인상 깊었다. 예를 들어, 한 주인공이 비틀즈의 음반을 가족과의 이별, 과거의 인연, 그리고 희로애락의 인생사와 연결하며 회고하는 장면은 우리 모두의 삶을 투영하는 듯했다. 결국, 나미야 잡화점의 이야기는 과거와 현재를 연결하며, 사람들의 삶 속에 따뜻한 위로와 희망을 전한다.

책의 마지막에서, 잡화점이 전해주는 편지의 내용은 독자에게도 큰 울림을 준다. "모든 것이 당신 하기 나름인 거죠. 모든 것에서 자유롭고 가능성은 무한히 펼쳐져 있습니다. 이것은 멋진 일입니다. 부디 스스로를 믿고 인생을 여한 없이 활활 피워보시기를 진심으로 기원합니다."

이 메시지는 책을 읽는 내내 느낄 수 있었던 주제, 즉 인연과 연결된 삶의 아름다움을 잘 요약한다. 인연이 끊기는 것은 표면적인 이유 때문이 아니라 마음이 단절되었기 때문이라는 말처럼, 우리는 마음을 잇는 노력을 통해 서로의 삶에 선한 영향을 미칠 수 있다.

『나미야 잡화점의 기적』은 단순히 감동을 주는 이야기를 넘어, 우리가 사람과 사람 사이의 관계를 어떻게 이어가야 하는지에 대한 깊은 통찰을 제공하는 작품이다. 이 책을 통해, 나는 내 삶의 인연과 관계를 돌아보며, 더 따뜻하고 적극적으로 인생을 살아가야겠다는 다짐을 하게 되었다.

8. 자유와 권력의 균형에 대한 깊은 탐구: 『자유론』(존 스튜어트 밀)

　존 스튜어트 밀의 『자유론』은 인간의 자유와 사회적 권력이 충돌할 때, 개인과 사회가 지켜야 할 원칙을 탐구한 책이다. 이 책에서 밀은 시민적, 사회적 자유를 중심으로 사회가 개인에게 합법적으로 행사할 수 있는 권력의 성격과 그 한계를 제시한다. 그는 인간을 최대한 다양하게 성장하도록 하는 것이 자유의 궁극적 목적이라고 밝히며, 세 가지 주요 자유를 강조한다.

　첫 번째로 양심의 자유이다. 이 자유는 사상, 감정, 출판 등 의식의 내면적 자유를 의미한다. 이는 과학, 도덕, 종교 등 모든 문제에 대한 의견과 감정의 절대적 자유를 포함한다. 두 번째는 취향과 추구의 자유로 자신의 성격에 따라 삶을 계획하고 행동할 자유, 그리고 그 결과를 감수할 자유를 말한다. 마지막은 결사의 자유이다. 많은 사람이 알고 있는 것처럼 개인 간 결합하고 단결할 자유를 의미한다.

　밀은 이러한 자유를 주장하면서 다음의 두 가지 원칙도 제시한다. 첫째, 개인의 행위가 타인의 이해관계에 영향을 미치지 않는 한, 사회는 그 행위에 대해 개입하거나 책임을 묻지 않아야 한다. 둘째, 개인이 타인의 이익을 해치는 경우, 사회는 사회적 문책이나 법적 처벌을 통해 보호 조치를 취할 수 있다.

밀의 『자유론』은 일방적으로 자유를 옹호하는 데 그치지 않고, 자유와 책임의 균형을 절묘하게 다루는 점이 인상적이다. 그는 개인의 자유를 강하게 주장하면서도, 그 자유가 타인에게 피해를 줄 때 사회적 책임을 묻는 것이 정당하다는 점을 분명히 한다.

특히, "개인은 자신의 행위가 자신 이외의 타인에게 영향을 미치지 않는 한, 사회에 책임질 필요가 없다"라는 원칙은 오늘날에도 여전히 강력한 메시지를 전달한다. 나는 이 부분에서 현대 사회에서의 다양한 논쟁들을 떠올렸다. 예컨대, 소셜 미디어와 같은 디지털 공간에서의 표현의 자유는 매우 중요하고 존중받아야 하지만, 혐오 표현이나 가짜 뉴스처럼 타인의 권리를 침해하거나 공공의 안전에 위협이 되는 경우는 그 한계를 논의해야 한다는 점에서 밀의 주장은 시사하는 바가 크다.

존 스튜어트 밀의 『자유론』은 개인의 자유와 사회의 규범이 어떻게 조화를 이루어야 하는지에 대한 깊은 통찰을 제공한다. 그는 자유를 단지 개인의 권리로 바라보지 않고, 사회적 책임과 연결된 중요한 가치로 해석했다.

밀이 제시한 세 가지 자유와 두 가지 원칙은 오늘날에도 우리의 삶과 사회를 이해하는 데 중요한 기준이 된다. 특히, 개인의 자유를 보장하면서도 그것이 타인의 권리를 침해하지 않도록 경계하는 그의 사상은, 개인주의와 공동체적 가치가 충돌하는 현대 사회에서 더욱 빛을 발한다.

『자유론』은 자유에 대한 본질적 이해와 함께, 자유로운 개인과 건강한 사회가 어떻게 공존할 수 있는지를 고민하게 하는 책이다. 자유와 책임, 권리와 한계의 문제를 다시 한번 돌아보게 된 나는, 밀의 사상이 여전히 현재적이고 유효하다는 점에 깊이 공감했다.

> 인간은 본성상 모형대로 찍어내고
> 시키는 대로 따라하는 기계가 아니다.
> 내면의 힘에 따라 스스로 자라는
> 나무와 같은 존재이다.

9. 전쟁과 고통을 바라보는 우리의 시선:
   『타인의 고통』(수전 손택)

　수전 손택의 『타인의 고통』은 전쟁과 폭력을 미디어를 통해 접하는 현대인들이 그것을 어떻게 받아들이고 이해하는지에 대한 깊은 질문을 던진다. 저자는 "시청자들은 잔인하게 묘사된 폭력에 익숙해지는 것일까?", "이러한 이미지가 우리의 현실 인식을 손상시키는 것일까?", 그리고 "멀리 떨어진 분쟁 지역에서의 고통을 염려한다는 것은 어떤 의미일까?"라는 질문을 중심으로, 우리가 타인의 고통을 시각적으로 소비하는 방식과 그 한계를 탐구한다.

　저자는 오늘날 전쟁 소식이 전 세계로 퍼진다고 해서 멀리 떨어져 있는 타인들의 괴로움을 생각해 볼 수 있는 사람들의 능력이 두드러질 만큼 더 커졌다는 말은 아니며 사람들의 눈길을 뺏을 만한 것들이 너무나 많이 존재하는 현대의 삶에서는 사람들이 자신의 기분을 상하게 할 뿐인 이미지들을 외면하는 것이 당연한 일이라고 말한다.

　손택은 전쟁과 폭력에 대한 이미지를 보는 것만으로는 실제 전쟁의 고통을 온전히 이해할 수 없다고 지적한다. 전쟁을 겪어보지 못한 사람들은 그 경험을 실제로 체감할 수 없으며, 이러한 이미지가 우리의 감각을 무디게 하거나 단순히 스펙터클로 소비될 가능성이 높다는 우려를 제기한다. 그러나 저자는 우리가 단순히 스펙터클의 사회에서 살아가는 것은 아니라고 믿으며, 이러한 이미지가 우리에게 윤리적 질문과 책임을 던질 가능성을 탐구한다.

책에서 가장 인상적이었던 부분은 전쟁과 폭력의 이미지를 소비하는 우리의 태도에 대한 비판적 관점이었다. 저자는 사람들이 폭력적인 이미지를 반복적으로 접하면, 그 잔혹함에 익숙해지거나 무감각해질 위험이 있다는 점을 경고한다. 이는 오늘날 우리가 뉴스와 소셜 미디어를 통해 쉴 새 없이 전쟁, 폭력, 재난의 이미지를 접하는 현실과 깊이 연결된다.

예컨대, 우리는 종종 멀리 떨어진 분쟁 지역의 이미지를 접하면서도, 그 고통을 단지 '스크린 너머의 일'로 간주한다. 이러한 거리감은 우리의 공감 능력을 약화시키고, 윤리적 책임을 외면하게 만든다. 그러나 손택은 이러한 무감각함을 비판하는 데 그치지 않고, 그러한 이미지가 여전히 우리에게 불편함을 줄 때, 그것이 윤리적 질문을 던지는 시작점이 될 수 있다고 주장한다. 이는 고통의 이미지가 무의미한 소비로 끝나지 않도록, 우리가 어떻게 책임 있는 태도로 받아들여야 하는지를 고민하게 만든다.

우리는 전쟁과 폭력의 경험을 온전히 이해할 수 없을지라도, 그러한 이미지를 통해 던져지는 질문과 불편함을 외면하지 말아야 한다. 그것은 단순히 관찰자가 되는 것을 넘어, 타인의 고통에 대하여 연대와 협력을 통한 실질적인 행동을 하는 등 우리의 역할과 책임이 무엇이 되어야 하는지에 대해 다시금 성찰하게 만든다.

이 책은 오늘날 우리가 미디어를 통해 세상을 바라보는 방식을 돌아보게 하며, 더 나아가 타인의 고통에 대한 우리의 윤리적 태도를 점검하게 만든다. 손택의 통찰은 현대 사회에서 여전히 유효하며, 윤리적 고민을 자극하는 중요한 작업으로 기억될 것이다.

10. 인간관계와 사회 구조의 깊이에 관하여: 『연을 쫓는 아이』(할레드 호세이니)

『연을 쫓는 아이』는 아프가니스탄이라는 역사적, 문화적 배경 속에서 사회적 부조리와 계급 구조, 인간의 죄책감과 속죄를 다룬 작품이다. 이야기를 통해 우리는 가진 자와 갖지 못한 자의 간극, 그리고 그 안에서 피어나는 슬픔과 고통의 생생한 초상을 마주한다. 이 책을 읽으면서 문득 우리나라의 구한말에서 일제강점기 시절 모습과 겹쳐 보이는 장면들이 떠올랐다.

그 당시 벌어졌던 사회적 부조리와 계급적 억압이 자연스럽게 연상되었기 때문이다. 그 시절에도 약자의 고통은 강자의 횡포와 부조리한 사회 구조의 부산물로 여겨졌고, 이는 이 책 속 아프가니스탄 사회와 맞닿아 있다.

책 속 주인공은 사회적 구조를 단숨에 바꿀 수는 없지만, 개인의 작은 변화와 참여를 통해 희망의 씨앗을 뿌리려 한다. 자신의 죄책감을 속죄하고자 단체를 구성해 약자를 돕는 모습은 국가와 사회가 개인의 작은 움직임에서부터 변화될 수 있음을 보여준다. 이 장면은 우리의 삶 속에서 개인의 역할이 얼마나 중요한지를 다시금 생각하게 했다. 누구나 거대한 변화를 이끌어낼 수는 없지만, 자신이 있는 자리에서 주변을 조금씩 바꾸는 힘을 가질 수 있다.

특히 책 속 검문소 장면은 긴장과 감동이 교차하는 인상적인 대목이었다. 죽음의 문턱에서 군인이 불렀던 결혼 축가가 나중에 주인공의 결혼식장에서 울려 퍼지는 장면은 과거의 아픔과 현재의 희망이 교차하는 상징적 장면으로 다가왔다. 축가의 내용도 아름답다.

"아침은 열쇠로 만들어 우물에 던져버려요.
천천히 가세요. 사랑하는 달님, 천천히 가세요.
아침 해여 동편에 뜨는 걸 잊어주세요.
천천히 가세요. 사랑하는 달님이여 천천히 가세요."

축가는 고려가요 만전춘처럼 사랑의 영속성을 기원하며, 시대와 장소를 넘어선 사랑의 보편적 아름다움을 담고 있다. 비록 남녀 간의 사랑이 당시 사회적 억압과 충돌했을지라도, 그 감정 자체는 시대를 초월하는 공감과 감동을 준다.

책은 사랑, 속죄, 그리고 사회적 변화를 주제로 하면서도 인간관계의 복잡성과 아름다움을 중심에 둔다. 이러한 이야기를 통해 독자는 자연스럽게 자신의 관계를 돌아보게 된다. 우리는 주변 사람들과의 관계 속에서 무엇을 놓치고 있는지, 무엇을 보듬어야 하는지 고민하게 된다.

연을 쫓는 아이는 아프가니스탄의 이야기를 넘어, 인간 본연의 삶과 관계에 대한 철학적 질문을 던진다. 그리고 이런 질문은 나에게 일상 속 작은 행동의 중요성을 되새기게 했다. 우리는 거창한 변화를 꿈꾸지 않아도, 주변을 조금씩 변화시키는 노력으로도 충분히 세상을 밝힐 수 있다. 앞으로 나도 주변의 작은 관계들을 더 소중히 여기며 살아가야겠다는 생각이 들었다.

> 얼음 위에 댓닢자리 보아
> 임과 나와 얼어 죽을망정
> 젊은 오늘 밤
> 더디 새오시라, 더디 새오시라 (한림별곡)

1. 지식인의 역할과 책임 : 『지식인을 위한 변명』
2. 문학으로 세상을 바꾸려 하던 의지 : 『아Q정전·광인일기』
3. 책 속에 담긴 삶과 이야기 : 『내 인생 한 권의 책』
4. 과학으로 읽는 세상의 원리 : 『정재승의 과학 콘서트』
5. 지적 생활이란 무엇인가 : 『지적생활의 발견』
6. 학문과 사유의 넘나듦 : 『탐독』
7. 과학과 철학의 조화로 자유를 꿈꾸다 : 『김상욱의 과학공부』

5장
배움의 지혜:
지식과 경험의 융합

1. 지식인의 역할과 책임:
『지식인을 위한 변명』(사르트르)

사르트르의 『지식인을 위한 변명』은 지식인이란 무엇이며, 그들이 어떤 사회적 책임을 지녀야 하는지에 대해 탐구한 철학적 작품이다. 그는 지식인을 단순히 많은 정보를 가진 사람이 아니라, "분열된 사회의 산물"로 설명한다. 지식인은 그 사회의 모순을 자신의 내면에 체화하며, 이를 해결하기 위해 행동하는 존재다.

사르트르는 또한 지식인을 "실천적 지식을 가진 대리인"으로 정의하며, 그들이 혜택받지 못한 계급의 보편적 권리를 지향하는 데 참여해야 한다고 주장한다. 또한, 지식인의 임무는 "자신의 모순 속에서 살며, 이를 넘어 민주주의와 사회적 정의를 지키는 것"에 있다고 강조한다.

사르트르가 지식인을 단순한 비평가가 아니라 "모순 속에서 실천하는 존재"로 정의한 부분은 꽤 새로운 개념이었다. 그는 "지식인은 그 자신이 지닌 모순을 통해 민주주의의 수호자가 된다"라고 말한다. 이는 지식인이 사회적 불평등과 모순을 극복하기 위해 행동해야 한다는 점을 강하게 시사한다는 생각이 든다.

추가로 흥미로웠던 것은 사르트르가 노벨 문학상을 거부했다는 일화다. 이는 그의 철학적 신념과 일치하는 선택이었다. 외가 쪽의 먼 친척으로 알려진 알베르트 슈바이처 박사가 노벨 평화상을 수상했던 것과는 대조적인 모습이다. 대한민국처럼 대중의 열화와 같은 성원이 있었다면 그의 결정이 과연 가능했을까 하는 생각도 들었다.

이 책은 지식인이 단순히 정보를 소유한 존재가 아니라, 자신의 모순을 자각하고 이를 통해 더 나은 사회를 만들어야 한다는 실천적 역할을 강조한다.

이 책을 통해 나는 지식인의 역할이 단지 지식을 나열하거나 전파하는 데 그치지 않고, 그 지식을 사회적 책임과 연결해 행동으로 옮기는 데 있다는 점을 새롭게 깨달았다. 특히, 지식인이란 자신이 속한 사회의 모순을 내면화하고, 이를 극복하기 위한 실천적 태도를 통해 민주주의와 정의를 수호하는 존재라는 사르트르의 주장은 여전히 강력한 메시지를 전달한다.

다소 어려운 내용을 다루고 있음에도 다행스럽게도 강연체로 번역되어 있어, 비교적 쉽게 읽을 수 있었던 것이 좋았다. 강연을 듣는 것처럼 읽다 보니 철학적 개념이 명확하고 설득력 있게 전개되어, 지식인이라는 존재의 본질을 깊이 이해하는 데 큰 도움이 되었던 기억이 있다.

2. 문학으로 세상을 바꾸려 하던 의지: 『아Q정전·광인일기』(루쉰)

    루쉰의 단편소설집은 중국의 근대사를 비판적으로 조명하며, 당시 사회의 모순과 국민의 정신적 각성을 촉구하는 내용을 담고 있다. 총 10여 편의 단편으로 구성된 이 소설집, 그중에서도 『아Q정전』이 가장 널리 알려져 있다. 루쉰은 일제강점기와 같은 시기를 겪으며 식민지 현실과 봉건적 잔재가 뒤섞인 중국 사회의 문제를 날카롭게 드러낸다.

    그는 단순한 이야기 전달에 그치지 않고, '국민정신 개조'라는 목표를 문학에 담았다. 일본 의대 유학 중 환등 사건(수업 중 조국의 패배와 비참한 현실을 담은 사진에 충격을 받은 사건)을 계기로 그는 문학을 통해 국민의 의식을 변화시키기로 결심한다. 루쉰은 '건장한 체력보다 강한 국민정신이 더 필요하다'고 믿으며, 문예 운동에 매진해 당시의 사회적 병폐를 비판하고 새로운 길을 제시하려 했다.

    책을 읽으며 나는 루쉰의 문학적 목표가 단순히 작품을 쓰는 데 그치지 않았다는 점에 깊은 감명을 받았다. 그는 문학을 '사회적 무기'로 활용했다. 이는 우리나라의 심훈이 『상록수』를 통해 농촌 계몽운동을 문학적으로 풀어낸 방식과도 닮아 있다.

    루쉰은 육체보다 정신의 중요성을 강조하며 문학을 통해 국민정신을 고양시키고자 했다. 이는 현대 사회에서도 여전히 중요한 메시지를 전달한다. 정보와 기술이 넘쳐나는 시대에, 국민 개개인의 내적 성숙과 정신적 힘은 여전히 사회의 건강함을 지키는 핵심 요소다.

특히 『아Q정전』 속 주인공 아Q는 당시 중국 민중의 나약함과 자기기만을 상징적으로 보여준다. 아Q는 자신을 끊임없이 합리화하고, 외부의 억압에 무기력하게 굴복한다. 이 모습은 당시 중국 사회의 모습을 풍자적으로 비춘다. 그러나 동시에, 아Q의 모습에서 우리 자신의 일면을 발견하게 된다. 현실을 직시하기보다 회피하려는 태도, 개인의 무력감에 갇혀 변화를 시도하지 않는 모습은 시대와 국경을 넘어 공통적으로 나타나는 인간의 약점일 것이다.

루쉰의 단편소설집은 중국의 사회상을 묘사하는 데 그치지 않고, 문학의 사회적 역할과 가능성을 극대화한 작품들로 가득하다. 그는 문학을 통해 '국민정신 개조'를 이루고자 했고, 이는 단순한 문예 창작을 넘어선 문학적 사명으로 읽힌다.

루쉰의 이야기는 오늘날에도 많은 시사점을 준다. 그는 우리에게 과거를 돌아보는 것뿐만 아니라, 현실의 모순을 직시하고 이를 바꾸기 위해 행동해야 한다는 메시지를 남긴다. 그의 문학은, 그리고 그의 문학적 선택은, 단순히 그 시대를 비판하는 데 그치지 않고, 새로운 가능성을 향한 길을 열어 보였다.

3. 책 속에 담긴 삶과 이야기:
　『내 인생 한 권의 책』(경향신문사 편집)

경향신문의 『내 인생 한 권의 책』은 다양한 사람들이 자신의 삶에서 특별한 의미를 가진 책을 소개한 칼럼을 모아 한 권의 책으로 엮은 작품이다. 각계각층의 추천인들이 자신이 사랑하는 책을 어떻게 발견했는지, 그것이 자신의 삶에 어떤 변화를 가져왔는지에 대한 짧고도 진솔한 이야기가 가득하다.

신문사 사장은 발간사에서 책의 가치를 이렇게 강조한다. "책은 인류가 걸어온 사색의 결정체이며, 미래를 밝혀주는 등불이다. 책은 배고픈 사람에게 음식이 되고, 비탄에 빠진 사람에게 위안을 주며, 궁지에 몰린 이에게 지혜의 샘이 되어 준다." 이 발간사는 이 책의 본질을 잘 보여준다. 책이 가진 무한한 힘과 그 안에 담긴 이야기가 시대와 계층을 초월해 우리의 영혼에 울림을 준다는 사실을 다시금 일깨워 준다.

이 책은 내게 단순히 책을 추천받는 것 이상의 경험을 선사했다. 직장 생활을 하며 10여 년 넘게 경제신문을 구독했었다. 그러던 어느 날, 주변에서 경제신문 구독자들에게 백화점 상품권이나 자전거 같은 혜택을 준다는 이야기를 듣고 나도 새삼스레 내 구독 환경을 돌아보게 되었다. 결국 여러 신문을 검토한 끝에 경향신문을 선택했고, 그때 무료 구독 몇 달이라는 소소한 서비스 혜택도 받았다.

새 신문과의 만남은 내게 새로운 즐거움을 가져다주었다. 특히 1면에 자리 잡은 '내 인생 한 권의 책' 칼럼이 매일 아침을 특별하게 만들었다. 각기 다른 사람들이 추천하는 책과 그 책이 주는 위로와 깨달음은, 내게도 한여름의 작은 소나기 같은 청량감을 안겨주었다.

그러던 어느 날, 그 칼럼들이 한 권의 책으로 묶여 나왔다. 처음에는 가볍게 넘길 자료집처럼 생각했지만, 막상 책을 펼치니 한 편 한 편이 삶의 중요한 순간을 담은 단편소설 같았다. 어떤 책은 나를 웃게 했고, 어떤 책은 깊이 있는 생각의 세계로 이끌었다. 이제는 읽을 책을 고민할 때마다 이 책을 꺼내 들곤 한다. 이 책 속에서 나는 매일 새로운 여행을 떠나는 기분을 느낀다.

책을 읽으며 문득 이런 생각이 들었다. 나에게는 '내 인생의 책'이라 부를 수 있는 책이 무엇일까? 생각보다 쉽게 답이 나오지 않았다. 하지만 이 책은 나에게 그 질문을 던져주고, 동시에 책 읽기의 새로운 즐거움을 일깨워 주었다.

발간사의 한 문장은 특히 오래도록 남는다. "책을 읽고 감동하는 행위는 만물의 영장인 인간만이 누릴 수 있는 특권이다." 신문에서 시작해 한 권의 책으로 이어진 이 경험은, 단순히 정보를 얻기 위해 읽는 행위에서 벗어나 책의 무한한 가능성과 내적 울림을 다시금 깨닫게 했다.

나는 이 책을 통해 매일 작은 선물을 받는 기분이다. 읽을 책을 고민할 때, 이 책은 언제나 좋은 길잡이가 되어주었다. 그리고 앞으로도 나는 책 속에서 삶의 새로운 길을 찾으며, 그 여정을 오래도록 즐길 것이다. 『내 인생 한 권의 책』은 그런 즐거움을 선사하는, 내게 아주 특별한 책이 되었다.

> 한 권의 책을 읽음으로써 자신의 삶에서 새 시대를 본 사람이 너무나 많다. (데이비드 소로우)

4. 과학으로 읽는 세상의 원리:
　『정재승의 과학 콘서트』(정재승)

『정재승의 과학 콘서트』는 과학적 사고를 통해 일상 속 다양한 현상과 인간 사회의 원리를 설명하는 책이다. 그는 물리학, 생물학, 경제학 등 다양한 학문 분야의 지식을 통해 우리가 살아가는 세상을 새롭게 바라볼 수 있는 눈을 제시한다. 특히 이 책은 복잡계 과학이라는 현대 과학의 새로운 패러다임을 중심으로, 창발성, 예측 불가능성, 상호작용의 중요성을 이야기한다.

　복잡계 과학의 핵심은 '복잡 적응계'라는 개념이다. 복잡 적응계란 구성 요소들 간의 간단한 상호작용으로 인해 예측 불가능한 창조적 질서가 스스로 만들어지며, 주어진 환경에 적응해 가며 스스로 진화하는 시스템을 말한다. 정재승은 이러한 과학적 개념을 경영, 사회, 인간관계에 적용해 설명하며, 기존의 예측과 통제 중심 사고를 넘어선 새로운 시각을 제시한다.

책에서 가장 흥미로웠던 부분은 복잡계 과학이 경영과 인간관계에 던지는 시사점이었다. 현대의 기업 경영자는 조직을 통제하고 예측하려는 유혹에 빠지기 쉽다. 하지만 복잡계 과학은 이러한 접근이 한계를 가질 수밖에 없다고 지적한다.

복잡 적응계는 초기 조건에 민감해 작은 변화도 전혀 다른 결과를 가져오며, 예측과 통제가 사실상 불가능하다. 그러나 정재승은 "무엇이 창발할지 모르지만, 무엇인가 창발한다는 사실만은 확실하다"라는 점을 강조한다. 조직이 스스로 문제를 해결할 수 있도록 충분한 자유를 부여할 때 창의성이 극대화된다는 것이다.

이 부분은 내가 직장 내 인간관계를 돌아보게 만들었다. 특히 구성 요소들 간의 상호작용과 신뢰가 복잡 적응계의 핵심이라는 점은, 팀워크와 상호 존중이 얼마나 중요한지를 다시 생각하게 했다. 실제로, 지나치게 간섭받지 않은 조직에서는 혼란스러운 초기 단계를 지나 자연스럽게 창의적이고 효율적인 해결책을 찾는 모습을 본 경험이 있다. 이 책은 그러한 경험을 복잡계 과학의 틀로 해석할 수 있는 새로운 시각을 제공했다.

정재승의 『과학 콘서트』는 과학의 눈으로 세상을 해석하며, 복잡계 과학이 경영, 사회, 인간관계에 어떤 통찰을 줄 수 있는지 보여준다. 예측과 통제를 버리고, 구성원 간의 신뢰와 상호작용을 존중할 때 창발성이 발휘된다는 그의 주장은 단순히 경영 전략을 넘어, 인간관계와 공동체의 운영 방식에 대한 철학적 메시지로도 읽힌다.

복잡계의 원리가 조직과 인간관계에 던지는 메시지는 현대 사회에서도 여전히 강력하다. 통제와 예측의 환상을 내려놓고, 자유롭고 창의적인 상호작용을 통해 문제를 해결하려는 시도는 경영뿐 아니라 일상생활에서도 많은 시사점을 준다.

결국, 복잡계 과학은 우리에게 이렇게 말하는 것 같다. "예측할 수 없는 것이 무질서가 아니라, 진정한 질서를 만들어내는 시작일 수 있다." 이 책은 나로 하여금 과학적 사고가 단순한 학문적 호기심을 넘어서, 우리 삶의 모든 영역에서 창의적이고 실질적인 가치를 제공한다는 것을 느끼게 한 소중한 경험이었다.

> 진정한 발견은 새로운 땅을 찾는 것이 아니라 새로운 눈으로 보는 것이다. (마르셀 프루스트)

5. 지적 생활이란 무엇인가:
『지적생활의 발견』(와타나베 쇼이치)

　와타나베 쇼이치의 『지적생활의 발견』은 인간의 삶에서 지적 활동이 가진 본질적 중요성을 탐구한 책이다. 저자는 지적 생활을 단순한 학문적 연구나 전문적 활동으로 국한하지 않는다. 대신, "모든 사람에게 열려 있는 정신적 만족과 충족을 위한 길"로 설명한다.

　책은 현대인이 물질적 풍요 속에서도 정신적 충족을 잃어가고 있음을 지적한다. 저자는 "지적 생활은 인간 영혼에 새겨진 본래적인 욕망"이라고 말하며, 이를 통해 진정한 삶의 풍요와 의미를 찾을 수 있다고 주장한다. 또한, 지적 생활이 개인의 만족을 넘어, 깨어 있는 의식을 유지하고 사회적 변화를 이끄는 원동력이 된다고 강조한다.

　현대 사회는 물질적으로 풍요롭지만, 그와 반대로 정신적 풍요는 점점 퇴색하고 있다. 저자가 말한 "지적 생활을 추구하는 사람들이 점점 줄어든다"라는 지적은 우리 현실에도 깊은 울림을 준다.

　특히, 저자가 지적 생활을 "사회적 부가가치를 창출하는 지식 계급의 노동이 아니라, 개인의 지적 욕구를 충족시키는 활동"으로 정의한 부분이 인상적이었다. 즉 '나만의' 도서관에 '나만의' 장서(藏書)를 쌓으며 '나만의 지력(智力)'을 닦아가는 과정이라고 강조한다. 이는 학력과 지적 생활을 동일시하는 현대 사회의 관점에 대한 날카로운 반론처럼 느껴졌다.

대학 진학률이 높은 한국에서도, 진정으로 책을 읽고 사유하며 스스로 세계관을 정립해 가는 사람은 점점 줄어들고 있다. 이 책은 그 이유가 물질적 편리함과 정보 의존에 있다고 지적하며, '깨어 있는 의식'을 되찾아야 한다고 강조한다. 스마트폰과 SNS의 편리함 속에서 나 역시 얼마나 쉽게 '지적 생활'보다는 '지식 검색'에 수동적 사고로 흘러갔는지 돌아보게 했다.

와타나베 쇼이치의 『지적생활의 발견』은 현대 사회에서 점점 잊혀가는 지적 생활의 의미를 다시 떠올리게 한다. 저자가 말했듯, "지적 생활은 인간이 누릴 수 있는 가장 고귀한 특권"이며, 이는 물질적 풍요가 대체할 수 없는 정신적 충족을 제공한다.

책을 읽으며 나는 단순히 정보의 소비자가 되는 데 그치지 않고, 스스로 사고하고 고민하는 삶을 지향해야 한다는 점을 배웠다. 깨어 있는 의식으로 스스로의 지적 욕구를 충족시키는 활동은 개인의 삶을 풍요롭게 할 뿐만 아니라, 사회를 더 나은 방향으로 이끄는 힘이 될 것이다.

이 책은 독자로 하여금 삶의 중심에 지적 생활을 두도록 권유하고 있다. 현대인은 정말 바쁜 일상을 살고 있지만 잠시 멈춰 서서 스스로의 내면과 정신을 돌아볼 수 있는 여유와 기회를 제공하는 등불 같은 책이라 추천한다.

6. 학문과 사유의 넘나듦: 『탐독』(이정우)

이정우의 『탐독』은 공학과 인문학을 오가며 다양한 학문적 관점을 융합하려는 저자의 여정을 담고 있다. 공대를 졸업하고 철학 박사 학위를 받은 이력만큼이나, 책은 독특한 시각으로 문학, 철학, 과학, 기하학 등 여러 분야를 다룬다.

기하학에 대한 그의 설명은 특히 흥미롭다. 기하학은 색, 맛, 촉감, 인간, 의미, 역사도 없는 오로지 형태만이 존재하는 추상성을 다루지만 이 추상성의 세계에 입문해야만 비로소 과학의 세계로 들어갈 수 있다고 말한다. 저자는 "시간 앞에서는 명상하는 인간, 공간 앞에서는 조작하는 인간"이라고 말하며, 과학과 인문학이 각기 다른 방식으로 세상을 이해해 왔음을 강조한다. 이와 함께 그리스인들의 기하학적 사고가 과학적 사고의 출발점이 되었음을 이야기하며, 학문이 탄생한 근원으로 우리를 안내한다.

책을 읽다 보면, 저자의 학문적 자신감이 상당히 돋보인다. 공학과 철학, 기하학과 존재론을 넘나들며 방대하고 냉철하게 설명할 때마다, 마치 "나만 이런 멋진 주장을 펼칠 수 있다"라는 듯한 기세가 느껴지기도 한다. 물론 이 정도 자신감은 책의 매력 중 하나라고 봐야겠지만, 가끔은 "혹시 저도 모르는 우주의 비밀을 전부 알아버린 건가요?"라는 생각이 들 정도였다.

  이정우의 『탐독』은 철학적 사유와 과학적 사고를 넘나드는 폭넓은 통찰을 제공한다. 다만, 내용이 때로는 너무 심오하거나 무겁게 느껴질 수 있다. 하지만 중간중간 보이는 저자의 자신감과 그로 인한 과감한 해석은 오히려 독자의 흥미를 자극하며, 책을 읽는 재미를 더한다.

  이 책은 지식의 축적을 넘어서, 사고의 경계를 넓히고 새로운 시각을 제시한다. 읽는 내내 "이 저자는 대체 몇 개의 학문을 섭렵한 거지?"라는 감탄이 들지만, 결국 독자는 저자의 여정을 따라가며 각자의 방식으로 사유를 확장할 기회를 얻는다.

  나도 다양한 분야에 대한 책 읽기에 관심도 많았기 때문에, 『탐독』을 읽으면서 스스로에 대한 반성을 해보았다. 단순히 양적으로 몇 권을 읽었는지보다 본질적으로 중요한 것은 한 권이라도 '탐독'하여 읽은 책을 나의 책으로 만들어가는 것이 중요하다고 생각하게 되었다.

  결국, 이 책은 이렇게 말하는 것 같다. "어차피 생각하는 거, 조금 더 깊이 해보시죠. 대신, 생각이 너무 깊어지면 잠깐 나와서 커피 한 잔은 꼭 하셔야 해요." 『탐독』은 깊은 사고와 유쾌한 성찰을 동시에 제공하는 책으로, 학문 간의 경계를 허물고 싶고 편협한 사고를 보다 넓고 다양한 시각으로 조망하는 '유목적 사유'를 원하는 독자들에게 추천할 만하다.

7. 과학과 철학의 조화로 자유를 꿈꾸다:
   『김상욱의 과학공부』(김상욱)

　김상욱의 『과학공부』는 양자 역학을 전공한 물리학자가 철학적, 인문학적 관점에서 과학을 탐구하는 내용을 담고 있다. 과학적 원리를 설명하는 데 그치지 않고, 과학이 우리 삶과 사회에 어떤 의미를 지니는지까지 깊이 파고드는 책이다.

　저자는 자연을 이해하는 과학이 철학이 될 수 있음을 역설한다. 철학자 들뢰즈의 말을 빌려, "철학은 자유로운 인간의 모습을 만드는 것"이며, 이는 신화와 영혼의 동요를 걷어내고 자연 그대로의 세상을 이해하는 데 있다고 강조한다. 과학 역시 이러한 철학적 태도를 견지하며, 권력을 고발하고 자유로운 인간을 만들어가는 도구가 될 수 있음을 설파한다.

　과학을 자연의 법칙을 이해하는 학문으로만 보지 않고, "신화와 동요를 고발하고 권력을 거부하는 철학적 도구"로 바라본 저자의 관점은 깊은 인상을 남겼다. "모든 불행은 상상으로 만들어진 신화와 공포에서 비롯된다"라는 그의 지적은, 현대 사회에서도 여전히 공감되는 메시지다.

　책을 읽으며, 과학이 사물과 현상의 원리를 이해하는 데 그치지 않고, 인간을 자유롭게 만들기 위한 도구가 될 수 있다는 사실에 새삼 깨달음을 얻었다. 특히 물리학을 전공했던 내게 이 책은 매우 친숙하면서도,

내가 과학을 바라보는 방식에 새로운 관점을 제시했다. "자연 그대로 세상을 이해한다는 것"이 곧 과학이라는 정의는, 내가 가끔은 간과했던 과학의 본질을 되새기게 했다.

또한, 들뢰즈의 철학을 인용하며 과학과 철학이 함께 권력에 맞서는 자유의 도구가 될 수 있음을 강조한 부분은, 과학이 실험실에서 끝나는 특정인을 위한 학문이 아니라는 사실을 다시금 일깨워 주었다.

김상욱의 『과학공부』는 과학이 단편적으로 자연만을 이해하는 학문이 아니라, 우리 사회의 신화를 고발하고 인간을 자유롭게 만드는 철학적 도구가 될 수 있음을 설파한다.

이 책은 과학이 수식과 법칙으로만 구성된 것이 아니라, 권력을 해체하고 인간의 자유를 꿈꾸는 데 기여할 수 있음을 보여준다. 특히 들뢰즈의 철학과 연결된 과학의 역할에 대한 저자의 설명은, 철학과 과학이 서로의 경계를 넘어 조화를 이룰 수 있음을 증명한다.

『과학공부』는 내게 과학이란 무엇인가에 대해 다시 묻는 책이었다. 과학이 자연의 법칙을 넘어 철학이 될 수 있다는 이 책의 주장은, 과학을 사랑했던 한 사람으로서 나의 시야를 확장시켰다. 이 책을 읽고 나니, 나도 언젠가 과학과 철학을 아우르는 글을 쓰고 싶다는 욕망이 더욱 강렬해졌다.

과학을 배우며 우리는 자유로운 인간의 모습을 조금씩 만들어갈 수 있지 않을까. 이 책은 그러한 여정을 향해 힘찬 발걸음을 내딛게 하는 중요한 동반자였다.

1. 왕릉, 그 속에 담긴 역사와 이야기 : 『조선왕릉 잠들지 못하는 역사』
2. 문화와 역사를 통해 되새기는 삶의 의미 : 『나의 문화유산답사기』
3. 역사 속 귀족들의 삶을 엿보다 : 『귀족의 은밀한 사생활』
4. 자본주의의 역사와 사회주의의 의미 : 『자본주의 역사 바로 알기』
5. 나무와 함께 돌아본 계절과 인생 : 『역사와 문화로 읽는 나무사전』
6. 화려한 역사 속 사랑과 갈등의 미스터리 : 『내 이름은 빨강』
7. 미국, 그 깊고 진한 영향력의 뿌리 : 『아메리카나이제이션』
8. 한국, 일본, 그리고 우리 자신을 돌아보며 : 『한국, 한국인 비판』
9. 우리의 발자국은 어디로 향하는가 : 『백범일지』
10. 100년 전 외국인의 눈에 비친 한국, 그리고 지금 우리 :
    『한국과 그 이웃나라들』

6장

역사와 함께:
과거를 통해 미래를 읽다

1. 왕릉, 그 속에 담긴 역사와 이야기: 『조선왕릉 잠들지 못하는 역사』(이우상)

　이우상의 『조선왕릉 잠들지 못하는 역사』는 조선왕조의 역사를 담고 있는 왕릉을 중심으로 당대의 정치, 문화, 그리고 인간의 이야기를 풀어낸 책이다. 조선왕릉은 무덤으로써 왕과 왕비의 안식처에 그치지 않고, 조선왕조의 이념과 철학, 그리고 당시 사회 구조를 엿볼 수 있는 중요한 역사적 공간이다.

　책은 조선왕릉의 건축적, 지리적, 그리고 상징적 의미를 분석하며, 유교적 가치관과 권력 구조 속에서 왕릉이 어떻게 조성되고 관리되었는지를 탐구한다. 하지만 이곳들은 풍수지리에서 '명당'으로 여겨지는 장소 이상의 이야기를 품고 있다. 왕릉을 둘러싼 다양한 사건과 논란, 그리고 현재 유네스코 세계문화유산으로 지정된 배경까지, 책은 왕릉이라는 공간에 담긴 복잡한 역사적 맥락을 많은 사진과 함께 흥미롭게 풀어낸다.

　책을 읽으며 가장 먼저 눈에 들어온 문장은 표지에 적힌 "잠들지 못하는 역사"라는 말이었다. 조선왕릉은 왕과 왕비가 안식을 취해야 할 곳이지만, 과거에는 이러한 '안식'이 종종 방해받았다.

　왕릉은 단순한 왕과 왕비의 묘지가 아니라, 조선왕조의 철학과 정치가 담긴 공간이다. 종묘사직의 번영을 위해 당대 최고의 명당에 조성되었다지만, 그 '번영'의 주체와 객체는 과연 누구였을까? 이러한 질문에 대한 답이 명확했다면, 왕릉이 마치 백화점의 상품처럼 이리저리 옮겨지는 일은 없었을 것이다. 아이러니하게도, 조선왕조와 직접적인 연관이 없는 유네스코가 세계문화유산으로 지정하면서 그 의미를 부여했기 때문에, 이제야 비로소 그 안에 잠든 왕과 왕비들이 편히 쉬게 된 듯하다.

조선왕릉은 건축적인 과거의 흔적뿐만 아니라, 조선의 역사가 담긴 생생한 내면의 기록이다. 이 책은 단순히 왕릉의 구조와 배치에 대한 설명에 그치지 않고, 왕릉이 어떻게 정치와 이념의 상징으로 사용되었는지를 상세하게 보여준다. 저자는 "왕릉 순례는 '죽음'과 '역사'라는 두 가지 화두가 만나는 것"이며 외형적인 것도 의미가 있지만 역사 속에서 오늘을 들여다보고, 나를 비춰보기를 강조했다.

책을 읽으며, 역사의 주체와 객체가 명확하지 않았던 왕릉의 이야기를 통해, 우리는 역사의 진정한 주인이 누구인지 다시 고민하게 된다. 조선의 왕릉이 오랜 시간 동안 잠들지 못했던 것처럼, 오늘날에도 여전히 역사가 현재와 미래를 향해 질문을 던지고 있다.

이 책은 조선왕릉을 단순히 관람하는 것을 넘어, 그 공간에 담긴 이야기를 이해하고, 과거와 현재를 연결하는 다리의 역할을 하는 귀중한 기록이었다는 점에서 꽤 재미있었다.

2. 문화와 역사를 통해 되새기는 삶의 의미: 『나의 문화유산답사기』(유홍준)

유홍준의 『나의 문화유산답사기』는 단순한 여행기가 아니다. 이 책은 우리가 가진 문화유산의 가치를 다시 돌아보게 하며, 역사의 숨결이 살아 있는 공간들을 소개한다. 첫 장부터 남도 답사 1번지 강진으로 시작해, 독자를 시간과 공간을 넘나드는 여정으로 이끈다. 책 속에는 강진의 다산초당, 영랑 생가, 고려청자 도요지 같은 곳들이 생생히 묘사되어 있다. 유홍준은 단순한 유물 설명을 넘어, 그 장소에 얽힌 역사와 사람들의 이야기를 통해 독자들에게 깊은 공감을 불러일으킨다.

이 책을 펼치며 첫 장, "남도 답사 1번지 강진"이라는 제목에서부터 나도 아내와 함께했던 남도의 여정이 떠올랐다. 책장이 누렇게 바랜 『나의 문화유산답사기』는 아내가 오래도록 간직해 온 책이다. 학창 시절, 뽀얀 손으로 책장을 넘기며 답삿길에 올랐던 그녀의 모습이 아련하게 스쳐 지나간다. 지금은 상상하기 어렵지만, 의대 진학 대신 자신에게 더 잘 맞을 것이라 생각했던 교사의 길을 선택했던 그녀, 이제는 내 곁에서 가족과 함께 새로운 여행을 이어가고 있다.

그 옛날 그녀가 친구들과 깔깔대며 걷던 길을, 이제는 중간고사를 마친 아이들과 함께 걸었다. 무심한 듯한 남편이지만, 그런 그녀의 과거를 존중하며 그 추억 속으로 걸어 들어가는 여행이었다. 무위사, 다산초당,

땅끝마을, 팽목항까지, 2박 3일 동안 1,200km를 달리며 다녔던 길은 우리 가족에게 잊지 못할 추억이 되었다.

우리나라 문화유산의 70~80% 정도는 직간접적으로 불교와 관련되어 있다고 한다. 그 덕에 이번 여행에서도 절집을 몇 군데 들렀다. 하지만 아이들은 더는 가기 싫다며 고개를 절레절레 흔든다. "다 같은 부처 아니야?"라는 투덜거림을 듣고 있자니, 그들의 마음이 이해가 가기도 했다.

그래도 여러 절 중에서 무위사만큼은 흥미롭게 느껴졌다. 책에서 읽은 견공 이야기를 떠올리며 극락전을 둘러보았다. 물론 그 옛날의 견공은 없었지만, 극락전에는 한 문화 해설사가 대신 그 역할을 하고 있었다. 그는 자랑스러운 어투로 옛날이야기를 열심히 들려주었고, 불상의 뒤쪽 백의 관음도에 열십자 낙서를 남긴 파렴치한에 대해 목청 높여 설명해 주기도 했다. 하지만 극락전에서 마주한 실제 모습은 책에서 읽었던 그 평화롭고 아늑한 절집의 풍경과는 달랐다.

내 눈에 들어온 것은 낙서와 공사의 흔적들, 그리고 복전함에 가득 쌓인 보시였다. "석가가 진정 바라던 것은 단지 복전함을 채우는 것만이 아니었을 텐데"라는 생각이 스쳤다. 그런데도 절집 곳곳이 중창을 위해 파헤쳐진 모습은 어딘가 불편하게 느껴졌다. 마치 갓을 쓰고 자전거를 탄 채 담뱃대를 문 노인의 모습처럼, 조화를 잃은 풍경이었다.

무위사(無爲寺)라는 이름 그대로, 이곳은 "인위적인 행위에 집착하지 않고 절대적인 진리 속에 존재하는 세계"를 의미할 것이다. 그러나 누군가의 지나친 불심이 오히려 석가의 형상을 성형 수술이라도 한 듯한 모습으로 바꿔놓은 것은 쓸쓸한 감정을 자아냈다. 문득, 응급실 침상에 누운 석가의 모습이 떠오르며 묘한 안타까움이 스쳤다.

그러나 극락전을 떠나며 마지막으로 고개를 들어 바라본 순간, 담백한 맞배지붕과 그 위로 내려앉는 따뜻한 햇살이 보였다. 허리춤을 감싸듯 넘겨지던 빛 속에서 서 있는 보살의 얼굴에서, 나는 잠시나마 진정한 붓다의 고요함을 본 듯했다.

> 검이불루 화이불치 (儉而不陋 華而不侈)
> 검소하되 누추하지 않고 화려하나 사치스럽지 않다.

3. 역사 속 귀족들의 삶을 엿보다:
『귀족의 은밀한 사생활』(이지은)

이지은의 『귀족의 은밀한 사생활』은 16세기부터 프랑스 혁명 시대까지, 다양한 계층의 삶을 생생히 담아낸 책이다. 이 책은 단순히 귀족들의 화려한 생활을 다루는 것이 아니라, 그들의 의식주와 문화, 그리고 시대적 맥락 속에서의 사회적 위치를 다각도로 탐구한다. 왕과 귀족, 부르주아, 그리고 서민과 하층민들의 삶을 한 발짝 가까이에서 들여다보는 듯한 구성은 독자들에게 흥미로운 역사 여행을 선사한다.

책 속에는 특히 문화재와 예술품을 둘러싼 이야기가 흥미롭게 담겨 있다. 전쟁과 약탈, 그리고 그것이 남긴 흔적들이 오늘날 우리의 현실과 어떻게 연결되는지를 돌아보게 만드는 부분이 많다.

로마제국 콘스탄티누스 황제의 모친 세인트헬레나의 축일에 발견된 섬, 그래서 이름 붙여진 세인트헬레나. 이 섬은 냉정과 열정, 명예와 치욕 사이에서 끊임없이 번민하던 나폴레옹이 끝내 생애를 마감하며 역사에 마침표를 찍은 장소로 유명하다.

나폴레옹은 이탈리아 원정에서 승리한 후, 전리품을 필두로 시가 행진을 하여 시민들의 넋을 빼놓은 적이 있었다. 그가 약탈한 전리품들은 루브르 박물관 내에 별도의 전시관으로 모여 '나폴레옹 관'으로 불리기도 했다. 이집트 원정 당시에도 나폴레옹은 군사 이외에 고고학자와 지리학자 등 아카데미 정예 멤버들로 구성된 팀을 동행시켜 문화재 약탈을 전략적으로 진행했다. 초대 루브르 박물관장 역시 이 원정에 동행했던 학술 회원 중 한 사람이었다.

그렇게 전쟁과 문화재 수집에 열정을 쏟던 나폴레옹은 워털루 전투에서 패하면서 모든 것이 무너졌다. 비엔나 조약에 따라 그는 약탈했던 전리품들을 원래의 국가에 반환해야 했고, 자신은 피라미드의 요새라 불리는 세인트헬레나섬으로 유배되어 생애를 마감했다.

이 이야기를 읽으며 자연스럽게 떠오른 것은 일제강점기 시절 약탈당한 우리 문화재들이다. 당시 약탈된 수많은 문화재들은 제대로 관리되지 못한 채 허술하게 방치되었다. 일부는 몇몇 개인들의 사리사욕에 이용되기까지 하며 오늘날에 이르러서야 반환과 소유권 논란에 휩싸이게 되었다.

몇 년 전, 대마도의 한 사찰에서 고려 시대 불상을 몰래 가져온 사건이 국민들의 큰 관심을 끌었다. 특히 그 불상은 내가 학창 시절 자주 소풍을 갔던 서산 부석사에 있던 것이어서 더욱 남다르게 다가왔다. 그러나 오랜 법정 다툼 끝에 소유권 문제로 인해 다시 대마도로 반환될 처지에 놓였다.

이번 일을 통해 나는 약탈된 문화재의 반환 문제를 다시 한번 생각하게 되었다. 우여곡절 끝에 되찾은 불상이 끝내 그곳에 머물지 못하는 현실은, 국가 간 이해관계 속에서 약탈 문화재가 원래 자리로 돌아가는 것이 얼마나 어려운지를 보여준다. 동시에, 문화재는 단순한 소유물이 아니라 모두가 함께 보존하고 공유해야 할 유산이라는 점을 다시금 깨닫게 된다.

오늘날 시내 가구점에서 흔히 볼 수 있는 앤틱 가구들처럼, 문화재도 단순한 장식품이 아니라 역사의 흐름 속에서 다양한 이야기를 품고 있다. 이 책은 그러한 이야기를 생생히 전달하며, 독자들에게 화려한 사진과 함께 16세기부터 프랑스 혁명 시대까지 이어지는 각 계층의 삶과 문화를 흥미롭게 소개하는 것으로 꽤 쏠쏠한 재미를 주는 책이다.

4. 자본주의의 역사와 사회주의의 의미: 『자본주의 역사 바로 알기』(리오 휴버먼)

리오 휴버먼의 『자본주의 역사 바로 알기』는 자본주의 체제의 발전 과정을 역사적, 경제적 관점에서 분석하며, 사회주의 이념과 그 맥락을 깊이 있게 다룬 책이다. 이 책은 단순히 이론적인 자본주의와 사회주의의 대립을 설명하는 것을 넘어, 각 체제가 어떻게 노동과 착취를 기반으로 발전했는지를 생생히 그려낸다.

이 책을 읽으며 영화 레미제라블의 장면들이 떠올랐다. 프랑스 혁명을 배경으로 한 이 영화 속 민중의 노래를 딸과 함께 암송했던 기억이 더욱 책의 내용과 겹치며 깊은 여운을 남겼다. 책에 따르면, 프랑스 혁명은 중세 봉건제를 무너뜨리고 자본주의 체제가 본격적으로 등장하는 중요한 전환점이었다. 영국의 1688년 명예혁명, 프랑스의 1789년 혁명은 중간 계급의 승리를 상징하며, 특히 프랑스혁명은 중세 사회의 종말을 알린 사건으로 기록된다.

저자는 자본주의가 이전 체제와 다르게 보이지만, 노동 착취라는 근본적인 문제는 여전히 존재한다고 설명한다. 봉건 시대의 농노들이 영주를 위해 강제로 일했던 것처럼, 자본주의 체제에서도 노동자는 자신이 창출한 가치보다 적은 임금을 받고, 그 차이는 자본가의 이윤이 된다. 마르크스는 이를 잉여가치설로 설명하며, 자본주의 착취의 본질을 드러낸다.

책에서 특히 흥미로웠던 부분은 착취가 은폐된 방식으로 이루어진다는 점이다. 봉건제와 노예제 시대에는 노동 착취가 눈에 보였지만, 자본주의에서는 '노동자는 자신이 자유롭게 선택한 대가로 임금을 받는다'는 환상이 이를 가린다. 마르크스는 이러한 착취 구조를 분석하며, 노동가치설과 잉여가치설을 통해 자본주의의 문제를 폭로했다.

현대적 관점에서 보면, 이 책이 다루는 이론적 논의는 여전히 유효하다. 특히 중국식 사회주의 체제가 자본주의의 일부 장점을 받아들여 성장한 사례는 매우 흥미롭다. 중국은 G2로 부상하며 경제력과 정치력을 통해 제3세계를 끌어안으려는 행보를 보이고 있다. 이는 단순히 경제적 패권 다툼이 아니라, 사회주의가 자본주의적 요소를 어떻게 흡수하고 진화했는지를 보여주는 사례로 주목할 만하다.

리오 휴버먼의 책은 단순히 역사적 사실을 나열하는 것을 넘어, 자본주의와 사회주의가 우리 사회와 개인의 삶에 어떤 영향을 미쳤는지 성찰하게 만든다. 책을 덮으며, 우리는 과연 지금의 체제 속에서 진정으로 인간다운 삶을 살고 있는지, 또는 더 나은 체제로 나아가기 위해 무엇을 준비해야 하는지를 고민하게 된다.

역사의 흐름 속에서, 자본주의와 사회주의는 서로 대립하며 발전했지만, 결국 인간다운 삶이라는 공통된 목표를 향해 가고 있다. 더 나은 사회를 만들어가기 위해 우리나라가 선택해야 할 길은 무엇일까? 이 책은 그 길을 묻고 있다.

5. 나무와 함께 돌아본 계절과 인생:
   『역사와 문화로 읽는 나무사전』(강판권)

　강판권의 『역사와 문화로 읽는 나무사전』은 단순히 나무를 다루는 책이 아니다. 각각의 나무에 얽힌 역사와 문화적 이야기를 스토리텔링 형식으로 풀어내며, 자연과 인간의 삶을 연결 짓는 특별한 매력을 가진 책이다. 박상진 교수의 『궁궐의 우리 나무』를 읽고 더 많은 나무 이야기에 흥미를 느끼던 차에 이 책을 만난 것은 행운이었다.

　연초, 나무에 싹이 돋기 시작할 때부터 읽기 시작한 책은 여름에는 이팝나무꽃의 향기와 함께했고, 어느새 가을에 접어들 때쯤 완독할 수 있었다. 책을 읽는 동안 내 삶도 계절처럼 흘러갔다. 신규사업 론칭 등 사무실의 바쁜 업무 속에서, 봄의 푸른 잎과 화려하게 떨어지는 꽃을 보며 인생의 덧없음에 쓸쓸해지기도 했다. 나무가 보여주는 생명력과 소멸은 인간의 삶과 너무나 닮아 있었다.

　책 속에 등장한 석류나무 이야기는 특히 인상 깊었다. 석류는 수백 개의 씨를 품고 있어 다산(多産)의 상징으로 여겨졌으며, 예로부터 양반가의 뜰에 자주 심어졌다. 그래서인지 결혼 초 장모님께서 마당의 석류나무에서 잘 익은 석류 몇 개를 따 주셨던 기억이 아직도 생생하다. 그 순간, 송대 문장가 왕안석의 석류 시 한 구절이 떠올랐다. 이는 고사성어 '홍일점'의 유래로도 알려져 있어 더욱 의미 깊게 다가왔다.

"만록총중홍일점(萬綠叢中紅一點)
동인춘색불수다(動人春色不須多)
온통 새파란 숲속에 핀 붉은 꽃 한 송이,
봄빛을 느끼게 하는 데는 굳이 많은 것이 필요치 않구나."

또한, 어린 시절 시골집 마당 끝에 있던 오동나무는 나에게 아련한 추억을 떠올리게 한다. 가을이면 조각배처럼 생긴 잎사귀에 붙어 있던 작은 씨앗을 떼어 먹던 기억이 떠오른다. 고소했던 그 맛과 함께 나무 아래에서의 평온한 시간이 아득히 그리워진다.

이 책은 단순히 나무를 바라보는 것을 넘어, 그 나무가 품고 있는 역사의 흔적과 삶의 지혜를 되새기게 한다. 오동나무를 보며 떠올린 주자의 「권학문」은 특히 마음을 울렸다.
"오늘 배울 것을 내일로 미루지 말고, 올해 배울 것을 내년으로 미루지 마라."
나무의 존재는 세월의 흐름과 배움의 중요성을 다시금 깨닫게 했다.

나무를 통해 배운 것은 단순한 식물학적 지식이 아니다. 나무는 계절의 변화를 통해 끊임없이 인간에게 생명과 소멸의 순환을 가르쳐 준다. 회사의 사업구조조정과 같은 현실의 무게와 나무가 보여주는 시간의 흐름이 맞물리며, 삶에 대한 생각도 깊어졌다.

책을 덮으며 나는 이 가을, 다시 한번 나무를 바라보며 주자의 시를 떠올렸다. 오동나무 잎이 전하는 가을 소리를 들으며, 오늘을 충실히 살고 내일을 준비하겠다는 다짐을 하게 된다. 이 책은 단순히 나무 이야기를 넘어, 우리의 삶을 더 깊이 이해하도록 돕는 조용한 안내서였다.

```
소년이로 학난성    (少年易老 學難成)
일촌광음 불가경    (一寸光陰 不可輕)
미각지당 춘초몽    (未覺池塘 春草夢)
계전오엽 이추성    (階前梧葉 已秋聲)

소년은 늙기는 쉬우나 학문은 이루기 어려우니
짧은 시간이라도 헛되이 보내지 마라
아직 연못가의 봄풀은 꿈에서 깨기도 전인데
계단앞 오동나무 잎은 벌써 가을을 알린다.
```

6. 화려한 역사 속 사랑과 갈등의 미스터리: 『내 이름은 빨강』(오르한 파묵)

오르한 파묵의 『내 이름은 빨강』은 마지막까지 손에서 놓을 수 없게 만드는 치밀한 역사 추리 소설이다. 여러 명의 화자들이 자신의 이야기를 하면서 사건이 전개되는데 세 명의 주인공은 물론, 나무, 시체, 빨강(색), 그리고 그림 속의 개도 말을 한다. 이 책은 단순한 살인 미스터리를 넘어, 사랑과 욕망, 예술과 신념이 복잡하게 얽힌 인간 군상을 생생히 그려낸다. 그리고 과거 오스만 제국 시대의 문화와 미술 양식에 대해서도 사실적으로 설명하고 있어서 지금의 튀르키예를 이해하는 데 도움이 된다.

소설의 중심에는 세 남자의 운명을 뒤바꾼 매혹적인 여인 세큐레가 있다. 그녀를 둘러싼 사랑 이야기와 살인을 둘러싼 긴장감은 단순한 듯하지만 얽히고설킨 복잡한 사연으로 독자를 사로잡는다. 이러한 플롯은 독자를 천년의 역사를 자랑하는 오스만 제국의 황금기를 배경으로 한 화려한 세밀화의 세계로 이끈다.

이야기의 중심에는 세밀화가들의 갈등과 열망이 자리 잡고 있다. 신의 경지에 도달하려는 예술가들의 고뇌와 영혼을 바치는 장인 정신, 그리고 쇠락해 가는 제국의 운명 속에서 예술적 전통을 지키려는 필사적인 노력은 단순한 역사적 배경을 넘어선 깊이를 제공한다. 파묵은 이를 통해 예술가로서의 열망과 고뇌, 그리고 세속적인 욕망이 어떻게 얽히는지를 보여준다.

화려한 세밀화의 묘사는 마치 독자가 당시 화가들의 일상을 직접 들여다보는 듯한 생생함을 준다. 살인 미스터리를 따라가는 동안, 예술의 숭고함과 인간의 나약함이 한데 어우러져 독특한 분위기를 자아낸다.

소설을 읽으며 무엇보다 감명 깊었던 점은, 사랑과 미스터리가 절묘하게 조화를 이루며 이야기를 이끌어간다는 것이다. 세큐레를 둘러싼 사랑은 단순한 로맨스를 넘어선다. 그것은 욕망과 고뇌, 그리고 인간의 본성을 탐구하는 창으로 작용한다. 그녀의 이야기는 예술과 삶, 그리고 죽음이 교차하는 순간을 더욱 강렬하게 만든다.

파묵은 역사적 배경을 단순한 무대로만 사용하지 않는다. 그는 과거를 통해 현대 독자가 공감할 수 있는 인간 본성과 예술의 의미를 탐구한다. 이 책을 읽는 동안, 나는 마치 몇 세기 전의 화가들과 나란히 걸으며 그들의 일상과 고민을 들여다보는 듯한 느낌을 받았다.

『내 이름은 빨강』은 일반적인 추리 소설로만 읽히지 않는다. 그것은 예술과 인간, 그리고 역사의 복잡한 관계를 엮어낸 심오한 작품이다. 화려한 세밀화의 세계 속에서 인간의 본성을 탐구하는 이 책은, 오래도록 마음에 남아 있을 강렬한 경험을 선사한다.

7. 미국, 그 깊고 진한 영향력의 뿌리:
『아메리카나이제이션』(김덕호, 원용진)

　김덕호, 원용진의 『아메리카나이제이션』은 미국식 문화와 영어가 한국 사회에 미친 영향을 다각적으로 조명하며, 우리가 얼마나 깊이 이 영향권 속에 있는지 성찰하게 만든다. 책은 단순히 미국식 영어 교육이나 문화의 수용을 넘어, 그것이 우리 사회의 기득권 구조와 가치관에 어떤 변화를 가져왔는지 탐구한다.

　MB 정부 시절, 한 장관이 영어 교육 강화의 일환으로 "오렌지가 아니라 어륀지로 발음해야 한다"라고 주장했던 사건은 우스꽝스러운 에피소드로 남아 있다. 하지만 이 사례는 단순한 코미디가 아니다. 왜 우리는 영어를, 그것도 미국식 영어만이 정답이라고 믿고 강박적으로 따라가려 하는 것일까?

　영어는 단순히 언어 그 이상으로 작용한다. 그것은 기득권층이 유리한 위치를 선점하기 위한 도구가 되었다. 미국식 영어는 그저 하나의 언어가 아니라, 사회적 신분과 성공의 상징처럼 여겨지며, 우리는 그것을 위해 몸부림친다. 이러한 맥락에서 영어는 더 이상 언어가 아니라, 미국의 문화와 가치관을 흡수하는 통로가 된다.

　미국의 영향은 단순히 언어와 교육뿐만 아니라, 한국 현대사의 깊숙한 뿌리에도 자리 잡고 있다. 미국의 개입은 우리의 정치, 경제, 문화에 언제나 녹아 있었으며, 이 영향에서 벗어날 수 없다고 믿는 사람들이 여전히 많다. 부처님의 손바닥을 벗어날 수 없던 손오공처럼, 한국이 미국의 손바닥 안에 갇혀 있다고 느껴지는 건 단순한 과장이 아닐지도 모른다.

대중가요의 가사, 기업의 인사 정책, 대학 입시 제도 등 우리 일상 곳곳에는 미국식 영향이 배어 있다. 그 영향이 얼마나 광범위한지는 정확히 측정할 수는 없지만, 그것이 우리 사회의 큰 틀을 구성하고 있다는 사실만큼은 부정하기 어렵다.

이 책은 우리가 미국의 영향력을 단순히 부정하거나 찬양하기보다, 비판적으로 바라볼 것을 제안한다. 영어 교육에 대한 과도한 집착과 미국식 가치관의 무분별한 수용이 우리의 정체성과 주체성을 훼손하고 있지는 않은지 돌아봐야 한다.

『아메리카나이제이션』은 우리가 직면한 문화적 종속성을 되돌아보게 하는 동시에, 그 안에서 우리 고유의 정체성을 어떻게 지켜나가야 할지를 고민하게 만든다. 책장을 덮으면서 남는 질문은 단순하다. "우리는 지금 누구를 위한, 무엇을 위한 삶을 살고 있는가?"

8. 한국, 일본, 그리고 우리 자신을 돌아보며: 『한국, 한국인 비판』(이케하라 마모루)

이케하라 마모루의 『한국, 한국인 비판』은 한국에서 26년 동안 거주한 일본인이, 맞아 죽을 각오로 쓴 책이다. 저자는 대한민국을 기본적인 사회질서가 제대로 이루어지지 않는 '총체적 무질서'로 규정하며, '한국 독자들이 다시 한번 스스로의 모습을 돌아보는 조그만 계기가 되었으면 하는 바람'에서 이 책을 썼다고 한다. 이 책은 2000년대 초반에 출판되었지만, 그 안에 담긴 통찰은 지금의 한국에도 여전히 시사점을 준다.

"한국과 일본 사이의 격차는 100년이다." 이케하라의 솔직한 진단은 충격적이지만, 그의 주장이 단순히 경제적 수치를 비교하는 데 그치지 않는다. 그는 "한국이 세계를 주도해 나가려면, 경제적 발전뿐 아니라 근본적인 도덕과 질서가 바로잡혀야 한다"라고 강조한다. 그리고 이 도덕과 질서의 회복은 바로 가정 교육에서 시작되어야 한다는 것이다.

현재 한국의 젊은 어머니들이 자녀에게 올바른 가정 교육을 시킬 만한 의지와 능력이 부족하다면, 그다음 세대에 기대를 걸어야 한다. "지금 어린아이들이 자라서 자녀를 키우게 될 때, 비로소 첫 단추를 제대로 꿰는 셈"이라는 그의 분석은, 결코 가벼운 이야기가 아니다. 그가 말하는 100년은 한국이 본격적인 성장과 발전의 단계로 접어드는 데 필요한 시간이다. 중요한 것은, 그 과정이 언제 시작될 것이며 얼마나 충실히 진행될 것이냐는 점이다.

책을 읽으며, 내가 일본 사회에서 발견한 공중도덕과 질서를 떠올려 보았다. 2000년대 초, 일본 출장길에서 마주한 그들의 철저한 공중도덕은 마치 기계적인 수준이었다. 이것이 가정 교육의 힘이라니, 새삼 놀라웠다. 한편, 한국 사회의 기본 질서와 도덕은 아직 부족한 면이 많다는 생각을 하지 않을 수 없다.

책은 한일 관계의 정서적인 감정에 대해서도 흥미로운 관점을 제공한다. 저자는 "몽골이 한국에 준 상처가 작거나 세월이 지나 잊혔기 때문이 아니라, 몽골이 가난하기 때문에 한국은 몽골에 대한 원한을 품지 않는다"라고 지적한다. 한국과 일본의 오래된 앙금을 해소하기 위한 유일한 방법은, 한국이 일본 못지않게 잘 사는 것뿐이라는 그의 결론은 냉철하다.

결국, 이케하라가 말하는 100년이라는 시간은 단순한 숫자가 아니다. 그것은 우리가 지금부터라도 올바른 가정 교육을 시작해야 하며, 근본적인 도덕과 질서를 바로잡아야 한다는 긴급한 요청이다. 한국이 더 나은 미래를 위해 어디에서부터 출발해야 할지에 대해, 그의 비판은 불편하지만 무시할 수 없는 울림을 준다. "한국이 일본 못지않게 잘살게 되는 날, 양국의 앙금도 자연스럽게 풀릴 것"이라는 그의 주장은, 우리가 나아가야 할 방향을 다시금 일깨운다.

9. 우리의 발자국은 어디로 향하는가: 『백범일지』(김구)

　김구 선생의 『백범일지』는 그의 유년 시절부터 독립운동과 해방 이후까지의 삶을 기록한 자서전이다. 이 책은 단순히 개인의 이야기를 넘어, 일제강점기라는 암울한 시대 속에서 나라를 위해 헌신한 한 민족 지도자의 철학과 신념을 담고 있다. 김구 선생은 자신의 인생을 민족과 역사에 바치는 길로 선택했으며, 이 과정에서 겪은 고난과 성찰을 진솔하게 기록하였다.

　이 책은 1947년에 나온 초판본의 디자인을 그대로 재발행한 것이라 한다. 세로쓰기 형태로 인쇄된 데다 지금과는 다른 생소한 한글 맞춤법, 이 책의 분위기를 한층 더 특별하게 만든다. 물론 오탈자도 적지 않았는데, 이를 보며 "어쩌면 이렇게 날것 같은 당시의 초판본 느낌이 살아있는 것이 이 책의 묘미일지도 모르겠다"라고 스스로를 격려하며 읽었다. 내용 이해에는 큰 지장이 없었으니 그러한 격려도 가능했던 것이었겠지.

　책에서 가장 인상 깊었던 부분은 김구 선생이 남긴 좌우명과 관련된 한 구절이었다.

　"눈 내린 들판을 걸어갈 때 어지럽게 함부로 걷지 마라. 오늘 내가 걸어간 발자국은 뒷사람의 이정표가 될 것이다."

(답설야중거 불수호란행 踏雪野中去 不須胡亂行)
(금일아행적 수작후인정 今日我行跡 遂作後人程)

많은 이들에게 알려진 이 구절은 서산대사의 시로 여겨지지만, 실제로는 조선시대 학자 이양연의 작품으로 그의 문집 『임연당별집』에 실려 있다. 김구 선생이 1948년 남북 협상 당시 38선을 넘으며 이 구절을 인용했다는 일화는, 그가 자신의 행동 하나하나가 민족의 미래에 미칠 영향을 얼마나 깊이 고민했는지 보여준다.

나 또한 고등학교 시절, 국어 교과서에서 '나의 소원' 부분을 접하며 이 책을 거의 외우다시피 공부했던 기억이 떠오른다. 그땐 시험을 위한 암기가 목적이었지만, 지금 다시 읽으며 그 의미가 마음에 더 깊이 와닿는다. 우리의 작은 선택과 행동이 미래 세대에게 어떤 영향을 미칠지 자연스레 생각해 보게 한다.

이 책을 덮고 나서, 나는 내가 걸어가는 길을 다시금 돌아보게 되었다. 지금의 작은 행동들이 미래를 위한 발자국이 될 것이라 생각하니, 나 자신과 내 주변을 대하는 태도가 조금은 달라질 것 같다. 결국, 우리의 삶은 매일매일 이정표를 남기는 과정이다. 그 이정표가 다음 세대에게 올바른 방향을 제시할 수 있도록 오늘을 살아가는 우리의 책임을 잊지 말아야 한다.

중요한 건 그 발자국이 자랑스러울 만한 것이냐는 것이다. 그러니 오늘은 조심스럽게 발을 내딛어 보려 한다. 적어도 아이들이 내 발자국을 보고 "여기 왜 이렇게 삐뚤빼뚤 걸었어?"라고 묻지 않도록 말이다.

10. 100년 전 외국인의 눈에 비친 한국, 그리고 지금 우리: 『한국과 그 이웃나라들』(이사벨라 버드 비숍)

1898년 영국에서 출간된 이사벨라 버드 비숍의 『한국과 그 이웃나라들』은 한국의 정치, 경제, 문화, 그리고 민중의 삶을 생생하게 담아낸 책이다. 영국 왕립 지리학회의 최초 여성 회원이었던 저자는 약 11개월 동안 한국 곳곳을 여행하며 조선의 왕실부터 평민들의 삶까지 폭넓게 기록했다. 옥스퍼드 대사전에 실린 'pangas(방아)', 'yang-bans(양반)', 'kimshi(김치)' 등 한국 출전의 영어 단어들은 모두 이 책에서 알려진 것이며, 그 용례도 이 책을 인용하고 있다. 이 책의 영문 초판본은 1988년 서울 올림픽 당시 엘리자베스 여왕이 노태우 대통령에게 선물한 책이기도 하다.

이 책은 일반적인 여행기 이상의 가치를 지닌다. 당시 조선의 사회적 구조와 문제를 정면으로 파헤치며, 한국이 발전하기 위해 필요한 방향성을 제시했기 때문이다. 예를 들어, 그녀는 한국이 부유한 자원을 가지고 있음에도 이를 개발하지 못한 채 특권 계급의 착취와 비효율적인 행정 속에 고통받고 있다고 지적한다. 관료 계급은 약탈자로, 평민 계급은 피약탈자로만 구성된 사회 구조를 보고 "한국은 교육과 정의를 통해 새로운 국가를 건설해야 한다"라며 마치 미래를 본 듯한 말을 남겼다. 오늘날에도 시사하는 바가 크다.

저자는 한국을 여행하며 물리적 어려움과 문화적 충격을 온몸으로 겪었다. 빈대와 벼룩이 가득한 주막에서 묵으며 주민들의 호기심 섞인 눈초리를 견뎌야 했고, 평안도의 혹독한 산속에서는 굶어 죽을 뻔하기도 했다. 청일전쟁 직후 만주로 떠나야 했던 고난의 여정까지, 그녀는 단순한 외국인의 관찰자가 아니라 직접 체험한 기록자로서의 위치를 유지했다. 이러한 체험 속에서도 그녀의 시각은 신중하고 객관적이었다.

가장 놀라운 점은 그녀의 통찰력이다. "한국은 가난한 나라가 아니다. 자원이 미개발된 채로 남아 있을 뿐이다"라는 그녀의 평가는 단순한 사실 묘사를 넘어 오늘날의 한국이 세계적으로 성장하기까지의 가능성을 예견하는 듯하다. 다만, 그녀는 한국 사회의 가장 큰 문제로 "특권 계급의 착취와 비개혁적인 행정"을 지적하며, 이를 해결하지 못하면 미래의 발전은 어려울 것이라고 경고한다. 이는 100년 전의 이야기임에도 불구하고 현대 사회의 다양한 문제와도 겹쳐 보이는 부분이 많아 흥미롭다.

이 책을 읽으면서 100년 전 조선을 생생히 체험하고, 현재의 한국과 비교하며 많은 생각을 했다. 오늘날 한국은 세계적인 경제 강국으로 자리 잡았지만, 그녀가 지적했던 "정의와 교육의 필요성"은 여전히 유효하다. 과거의 모습을 돌이켜 보며 오늘날 우리가 가진 가능성과 도전을 동시에 생각하게 한다.

마지막으로, 외국인의 시각으로 본 조선의 모습이 오늘날 우리에게 많은 영감을 준다는 점에서, 이 책은 단순한 여행기 그 이상이다. "과거는 현재의 거울"이라는 말처럼, 우리는 100년 전 그녀가 본 조선을 통해 오늘날의 우리가 놓치고 있는 것들을 돌아볼 수 있을 것이다.

1. 지루함에 안주하지 않는 삶 :『지루한 사람과 어울리지 마라』
2. 교단에서의 작은 몸부림 :『아주 작은 것을 기다리는 시간』
3. 책들의 무덤에서 펼쳐지는 이야기 :『바람의 그림자』
4. 어린 왕자와 함께 걷는 어른의 마음 여정 :『어린 왕자』
5. 아이처럼 순수하게, 어른처럼 깊게 :『나의 라임 오렌지나무』
6. 상처와 치유의 이야기 :『스피릿 베어』
7. 세대를 이어가는 사랑 :『나의 딸의 딸』

7장
아이에게: 다음 세대를 위한 메시지

1. 지루함에 안주하지 않는 삶:
『지루한 사람과 어울리지 마라』(제임스 듀이 왓슨)

　제임스 듀이 왓슨의 『지루한 사람과 어울리지 마라』는 과학 천재의 삶과 철학을 엿볼 수 있는 흥미로운 책이다. DNA 이중나선 구조의 발견으로 노벨 생리학상을 받은 그는, 어린 시절 아버지와 함께 새를 관찰하던 경험에서부터 노벨상 수상 이후의 이야기까지 자신의 여정을 솔직하게 풀어놓는다.

　이 책에서 가장 주목할 점은 단순히 과학적 발견 과정에만 초점이 맞춰져 있지 않다는 것이다. 그는 '지루한 사람과 어울리지 마라'는 메시지를 통해 현실에 안주하고 발전을 두려워하는 사람들과의 관계가 개인과 조직 모두에게 해롭다는 점을 강조한다. 한 예로 이미 종신 보장을 받았기 때문에 더 이상 독특한 생각을 할 이유가 없는 교수들과 저녁을 먹느니 조간신문을 읽는 습관을 들이는 편이 참신한 사실과 발상을 더 많이 접하는 길이라고 말한다.

　책을 읽고 난 후, 회의 시간에 팀원들에게 이 내용을 공유한 적이 있다. 왓슨이 말한 '지루한 사람과 어울리지 마라'는 조언은 단순히 흥미로운 삶을 살라는 뜻이 아니다. 이는 개인과 조직이 끊임없이 발전하고 개선을 추구해야 한다는 의미로도 해석될 수 있다. 과학자로서의 왓슨의 이야기는 직장인이자 조직원으로서 나의 역할을 다시금 돌아보게 만드는 중요한 깨달음을 주었다.

어느 위치에 있든, 어떤 상황에 처해 있든 주변에 긍정적인 영향을 미치고 도움을 주는 것이야말로 진정한 조직원의 덕목이 아닐까? 왓슨은 과학자의 연구실에서도, 직장의 회의실에서도 통하는 보편적인 지혜를 전해준다.

요즘 세대는 하루가 다르게 변화하는 환경 속에서 살아가고 있다. 트렌드와 기술은 눈 깜짝할 사이에 바뀌고, 일과 삶의 균형에 대한 요구는 점점 더 강해지고 있다. 그러나 이 변화 속에서도 '지루함'에 빠지는 순간이 찾아온다. 안정감과 익숙함 속에서 더 나아가야 할 동기를 잃어버리는 경우도 많다.

왓슨의 메시지는 이러한 상황에서 중요한 방향을 제시한다. 현실에 안주하지 말고, 자신과 주변을 끊임없이 개선하고 새로운 열정을 가지려는 태도를 유지하라. 이중나선 구조의 발견도 단순히 한순간의 영감에서 비롯된 것이 아니라, 지속적인 탐구와 문제 해결의 결과였다. 이는 과학뿐 아니라 모든 분야에서 적용될 수 있는 원칙이다.

책을 덮으면서 생각했다. '나를 둘러싼 환경과 관계가 나를 지루하게 만들고 있는 건 아닌가?' 왓슨이 전하는 이 경고는 단순한 삶의 팁을 넘어, 현대 사회에서 우리가 스스로를 어떻게 지키고 성장시킬 것인가에 대한 통찰을 제공한다. '지루한 사람과 어울리지 말라'는 말은 단지 주변 사람에 관한 것이 아니라, 내가 어떤 태도로 세상을 대하고 있는지에 대한 질문이기도 하다.

2. 교단에서의 작은 몸부림:
   『아주 작은 것을 기다리는 시간』(황주환)

황주환의 『아주 작은 것을 기다리는 시간』은 참교육과 전인교육에 대한 한 교사의 깊은 고민과 성찰을 담은 책이다. 저자는 단순히 교단 위에서 가르치는 선생님의 모습이 아니라, 교육의 의미를 찾고자 몸부림치는 현장 교사의 모습으로 다가온다. 책 곳곳에서 저자가 전하려는 메시지는 단순한 지식 전달을 넘어, 학생들의 삶과 성장을 진심으로 고민하는 교사의 뜨거운 마음이다.

이 책은 교육의 이상과 현실 사이에서 고민하는 모든 교사에게 소중한 길잡이가 될 것이다. 특히, 교사로서의 사명감과 현실적인 고민을 함께 풀어가는 과정이 인상적이다. 나 역시 교사인 아내와 딸에게 꼭 권하고 싶은 책이다.

책을 읽으며 저자의 교단에서의 경험과 고민이 단순히 교육의 현장을 넘어, 우리 모두의 일상으로 이어진다는 생각이 들었다. 교실이라는 작은 공간 속에서 이루어지는 교육이지만, 그곳에서 벌어지는 수많은 순간들은 결국 세상을 바꾸는 씨앗이 될 수 있다. 황주환은 이 작은 씨앗을 키워내기 위해 얼마나 많은 인내와 노력이 필요한지를 솔직하게 보여준다.

교육은 결코 급하게 성과를 볼 수 있는 일이 아니다. 학생들이 성장하고 변화하기까지는 수많은 시간이 걸린다. 그 시간을 기다리는 일이야말로 교사의 역할이자, 우리 모두가 배워야 할 미덕이 아닐까?

요즘 시대는 빠른 결과를 요구한다. 교육조차도 경쟁과 성과 중심으로 흐르고 있다. 대한민국에 교육 문제는 없고 오직 입시 문제만 있다는 저자의 지적처럼 교육의 본질을 외면한 채 수단과 방법을 가리지 않고 대학 입학이라는 목표만을 추구하는 학생, 학부모, 학교, 정부 누구도 잘했다고 할 수 없다. 하지만 이 책은 우리에게 묵묵히 작은 것들을 기다리는 것이 얼마나 중요한지를 다시금 일깨워 준다. 아이들에게 필요한 것은 단순히 성적표의 숫자가 아니라, 그들을 이해하고 기다려 주는 어른들의 따뜻한 시선이다.

저자의 진솔한 이야기를 따라가다 보면, 참교육과 전인교육이라는 거대한 이상도 결국은 작은 노력과 기다림에서 출발한다는 것을 느끼게 된다. '아주 작은 것을 기다리는 시간'은 결코 작은 시간이 아니다. 그것은 아이들이 삶의 방향을 찾는 데 반드시 필요한 과정이며, 어른들이 잊지 말아야 할 자세다.

교사로서의 열정이 담긴 이 책은 교육을 고민하는 모든 이들에게 깊은 울림을 준다. 이는 교사뿐만 아니라, 아이를 키우는 부모, 그리고 우리 사회의 미래를 함께 만들어가는 모든 사람들에게도 의미 있는 메시지를 전한다. 책을 읽는 동안, 영화 「교실 안의 야크」의 한 장면이 떠올랐다. 장래 희망이 교사라는 학생에게 이유를 묻자, "선생님은 미래를 어루만지는 사람이니까요"라고 대답했던 장면이다. 아주 작은 기다림 속에서 시작되는 큰 변화를 상상하며, 이 책이 전하는 진심을 오래도록 간직하고 싶다.

> 희망이라는 것은 본래 있다고도 할 수 있고
> 없다고도 할 수 있다.
> 그것은 마치 땅 위의 길과 같은 것이다.
> 본래 땅 위에는 길이 없었다.
> 걸어가는 사람이 많으면 그게 곧 길이 되는 것이다.
> (루쉰)

3. 책들의 무덤에서 펼쳐지는 이야기:
『바람의 그림자』(카를로스 루이스 사폰)

『바람의 그림자』는 처음 시작부터 독자를 매료시키는 매력적인 설정을 가지고 있다. '책들의 무덤'이라는 독특한 배경이 이야기를 강렬하게 시작하게 만들고, 한 페이지 한 페이지 넘길 때마다 독자는 이 소설 속으로 깊이 빠져들게 된다. 책을 읽는 동안, 마치 내가 미로 속을 헤매고 있는 듯한 착각에 빠졌고, 이소룡의 영화 「용쟁호투」에서의 마지막 장면처럼, 사방이 거울로 둘러싸인 방에서 싸우고 있는 나 자신을 상상하게 만들었다. 이 소설은 그렇게 독자의 상상력을 자극하며 몰입하게 만든다.

작품 중 맹인 클라라가 다니엘에게 말하는 대사는 책을 읽는 내내 깊은 여운을 남겼다.
"그때까지 내게 독서란 일종의 의무 사항이나, 무엇을 위해서 내는지도 잘 모른 채 선생님이나 개인 교사들에게 지불해야 하는 벌금이었지. 난 독서의 즐거움, 자기 영혼을 향해 열리는 문을 탐험하는 즐거움, 허구와 언어의 신비함에 자신을 내맡기는 즐거움, 아름다움과 상상력에 자신을 내맡기는 즐거움을 모르고 있었어."

이 대사는 독서가 단순히 의무를 넘어, 영혼을 향한 문을 열어주는 경험이라는 것을 다시금 일깨운다. 클라라의 이 고백은 단순히 소설 속 이야기로 그치지 않고, 우리 삶의 깊은 진리를 전달한다. 독서는 단순히 지식을 얻는 행위가 아니라, 우리 자신을 더 깊게 이해하고 확장하는 도구라는 사실을 느끼게 했다.

소설에서 다니엘의 아버지 페르민은 독서와 영혼의 문을 열어준 중요한 인물이다. 저자 사폰은 페르민을 통해 좋은 아버지란 어떤 존재인가를 아름답게 묘사하고 있다.
"머리와 가슴과 영혼이 있는 그런 남자, 자식의 말을 경청할 줄 알고, 자식을 이끌면서도 동시에 존중할 줄 아는 남자, 하지만 자기 결정을 자식에게서 보상받으려 하지 않는 그런 남자."
아버지가 자식을 대할 때 가져야 할 태도를 이 묘사보다 잘 보여준 것을 찾아볼 수 있을까. 다니엘의 아버지는 다른 실패한 아버지들 사이에서 더욱 빛나는 존재로 그려진다. 자식을 온전히 존중하고, 자식이 스스로 선택하도록 이끄는 그의 모습은 이상적인 부모의 모습을 잘 보여준다.

『바람의 그림자』는 단순한 소설이 아니라, 책과 삶의 관계를 탐구하는 이야기이다. 책들의 무덤이라는 설정과 독서를 통해 성장하는 다니엘의 이야기는 우리가 책과 맺는 관계에 대해 다시 생각하게 만든다.

아버지로서 이 책을 읽고 나니, 나 역시 내 아이들에게 더 좋은 아버지가 되고 싶다는 생각이 들었다. "머리와 가슴과 영혼이 있는 그런 남자"는 당장 어려울 수도 있지만, 최소한 자식들의 이야기를 경청하며, 가끔은 참고 기다려 주는 아버지가 되는 것부터 시작해야겠다고 다짐했다. 물론, 친구들과 실컷 어울리고 돌아오는 시간을 조금만 더 줄여주면 기다리기에도 더 좋겠지만, 그건 나만의 작은 소망으로 남겨둬야겠다.

4. 어린 왕자와 함께 걷는 어른의 마음 여정:
   『어린 왕자』(생텍쥐페리)

　문사철 600 프로젝트(문학, 역사, 철학 분야 도서 600권 읽기)를 시작하고 100권째 읽은 것이 바로 『어린 왕자』이다. 양 자체가 중요한 것은 아니지만, 100이라는 숫자는 스스로를 격려하기에 충분히 의미 있는 이정표였다. 출퇴근 시간 한 시간씩 책을 읽는 습관은 일상에 찌든 나의 마음을 닦아주는 와이퍼와 같았다. 『바람의 그림자』에서 클라라가 말했던 "자기 영혼을 향해 열리는 문을 탐험하는 즐거움"이 이런 기분일까 싶다.

　100번째 책으로 선택한 『어린 왕자』는 어른이 된 나에게도 여전히 새롭고 특별한 메시지를 주었다. 이 동화는 단순히 어린아이들의 이야기가 아니라, 어른들조차 잊고 있던 진리를 가르쳐 준다. "누구에게든 감당할 수 있는 것을 요구해야 하느니라. 권위는 무엇보다 사리에 맞는 일을 할 때 주어지는 법이다." 어린 왕자가 만난 허세 가득한 왕의 이 말은, 직위나 권위를 남용하는 사람들을 떠올리게 했다. 요즘 세상에서도, 권력과 책임을 혼동하는 모습은 여전히 흔하다. 진정한 권위는 '도리에 어긋나지 않을 때'만 주어진다는 왕의 가르침은 나뿐만 아니라 앞으로 더 많은 세월을 살아갈 다음 세대가 반드시 기억해야 할 가치이기도 하다.

　또한, 술꾼과 어린 왕자의 대화는 인간의 모순과 연약함을 잘 보여준다.

"왜 술을 마시나요?"

"잊으려고."

"무엇을 잊고 싶은데요?"

"부끄럽다는 것을."

"뭐가 부끄럽다는 거죠?"

"술을 마시는 게 부끄럽다!"

"어른들은 정말 이상해". 어린왕자가 중얼거렸다.

이 짧은 대화 속에서 어른들의 복잡한 심리가 드러난다. 우리는 종종 부끄러움을 감추기 위해 그것이 더 부끄러운 행동으로 이어지기도 한다. 어린 왕자의 한마디, "어른들은 정말 이상해"는 나를 포함해 어른들이 자신을 돌아보게 하는 말이다. 어린 왕자는 자기 자신의 행동을 솔직히 바라보고, 부끄러운 부분조차 수용하며 나아가라는 메시지를 전한다.

가장 기억에 남는 부분은 여우가 어린 왕자에게 말한 "마음으로 봐야만 잘 보인다는 거야. 정말 중요한 건 눈에 보이지 않아"라는 구절이다. 사랑과 관계, 그리고 헌신의 본질을 이처럼 단순하면서도 깊이 있게 표현한 말은 흔치 않다. 내가 바친 시간과 마음이 대상을 특별하게 만든다는 것을 잊지 않게 해주는 문장이다.

요즘 세대는 정보와 이미지에 둘러싸여 살고 있지만, "눈에 보이지 않는 것"을 보는 능력이야말로 삶을 풍요롭게 만드는 핵심이다. 『어린 왕자』는 이를 가르쳐 준다. 내 아이들에게도, 그리고 다음 세대의 모든 아이들에게도 이 책의 메시지가 닿기를 바란다. 중요한 것은 눈에 보이지 않는다. 어쩌면 우리는 부모나 선배로서 다음 세대에게 무엇을 남기고 싶은지, 또 무엇을 위해 시간을 바칠지 고민해 봐야 하지 않을까?

> 네 장미꽃이 너에게 그토록 소중한 것은
> 네가 장미꽃을 위해서 들인 시간 때문이야.

5. 아이처럼 순수하게, 어른처럼 깊게:
   『나의 라임 오렌지나무』(바스콘 셀로스)

어느 날, 집에서 한가롭게 책을 읽고 있는데 아들과 딸이 다가와 물었다.

"아빠, 이 책 집에 있는데 또 샀어요?"

순간 당황했지만, 나는 웃으며 답했다.

"집에 있는 줄 알았으면 안 샀겠지. 하지만 이렇게 해서 두 배로 꼼꼼히 읽는 거야!"

이렇게 시작된 재독의 여정은 단순한 반복이 아니었다. 처음 읽었을 때는 미처 발견하지 못했던 감정과 메시지가 이번에는 새롭게 다가왔다. 같은 책이라도 읽는 시점과 경험에 따라 다르게 보인다는 것을 다시금 깨닫게 되었다.

누구나 한 번쯤은 반드시 읽거나 최소한 들어보기는 했을 『나의 라임 오렌지나무』는 제제라는 한 소년의 이야기다. 가난하고 외로운 현실 속에서도 라임 오렌지나무라는 친구와 상상 속 세계에서 위안을 찾는 제제의 모습은 마음을 따뜻하게 하면서도 아프게 만든다. 그는 순수하지만 너무 일찍 어른이 되어야 했던 아이였고, 그의 성장통은 어른이 된 나를 부끄럽게 하기도 했다.

읽으면서 나 자신에게도 물어보게 된다. "나는 내 아이들이 상처받지 않고도 세상을 이해하도록 돕고 있을까? 혹은 너무 일찍 어른이 되게 하고 있는 건 아닐까?" 제제의 이야기를 따라가며 부모로서의 나 자신을 돌아보는 계기가 되었다.

이번에 책을 다시 읽으면서 가장 와닿았던 것은 제제의 순수함 속에서도 강하게 느껴지는 삶의 희망이었다. 그의 이야기는 단지 슬픔과 고난만을 말하지 않았다. 힘든 현실 속에서도 아름다움을 발견하는 그의 눈은 나에게도 배울 점이 많았다. 제제는 아픈 현실을 애써 부정하지 않았고, 그것을 자신의 상상과 친구로 극복해 나갔다.

요즘 세대는 디지털 세상 속에서 빠르게 성장하고 있지만, 그 과정에서 잃어버리는 것이 많다. 상상력, 관계의 진정성, 그리고 느리게 흘러가는 시간의 소중함 같은 것들 말이다. 제제처럼 작은 것에서 위안을 찾고, 자기만의 상상력을 키워가는 능력은 어른이 되어서도 꼭 필요하지 않을까?

이제는 훌쩍 커버린 나의 아이들의 어린 시절로 다시 돌아가 이 책을 권한다면 이렇게 말하고 싶다. "세상은 가끔 가혹하고, 어른들도 틀릴 때가 많아. 하지만 그 속에서도 너희만의 라임 오렌지나무를 찾을 수 있어야 해. 그것이 무엇이든, 그것이 너희를 위로하고 성장하게 할 거야."

『나의 라임 오렌지나무』는 나에게 일반적인 책이 아니라, 다시금 아이의 시선으로 세상을 바라보게 해주는 창문 같은 책이었다. 어쩌면 두

배로 읽은 것이 아니라 두 배로 배운 경험이었을지도 모른다. 그리고 그 배움을 내 아이들, 그리고 어른을 준비하는 또 다른 아이들에게도 전할 수 있기를 바란다.

> 가족은 너희 같은 어린이들을 보살펴주고
> 네가 어른이 되었을 때 원하는 러임을 꿈꿀수 있도록
> 옆에서 응원해 주는 사람들이야.

6. 상처와 치유의 이야기: 『스피릿 베어』(벤 마이켈슨)

학교 폭력을 주제로 한 벤 마이켈슨의 소설 『스피릿 베어』는 중고등학생들에게 추천할 만한 책이다. 이 책을 읽던 당시 아들도 이 책을 주제로 학교에서 읽고 시험도 본다고 해서, 독서와 학습이 연결된다는 점에서 반갑게 느껴지기도 했다.

『스피릿 베어』는 학교 폭력이라는 무거운 주제를 다루면서도 상처 치유와 이해, 그리고 변화를 이야기한다. 특히, 상대방을 배려하고 상호 이해를 통해 갈등을 해결하려는 시도는 단순히 처벌이나 응징에 초점을 맞추지 않는 점에서 주목할 만하다.

물론 이야기의 전개 방식이나 사건의 발단과 해결 과정이 현실성이 떨어지는 부분도 있다. 모든 상황이 이상적으로 풀리거나, 캐릭터들이 너무 극적으로 변화하는 장면은 현실감을 떨어뜨릴 수 있다. 하지만 이는 소설의 특성상 독자에게 전달하고자 하는 메시지를 극대화하기 위한 장치로 이해할 수 있다.

이 책은 학생들에게 학교 폭력의 결과와 그로 인한 상처를 돌아보게 하는 기회를 제공한다. 특히, 소설 속 사건들이 현실에서 실제로 발생하는 폭력과는 다소 거리가 있을지라도, 학생들 간의 토론 주제로 활용하기에 적합하다.

"왜 사람들은 다른 사람에게 상처를 줄까?"

"폭력을 당한 사람은 어떻게 회복할 수 있을까?"

"가해자가 진정으로 변할 수 있을까?"

이런 질문들은 학생들이 자신과 타인의 경험을 돌아보고, 폭력을 예방하거나 이해를 돕는 데 유용할 것이다.

『스피릿 베어』는 단순히 사건을 다루는 데 그치지 않고, 폭력이라는 문제를 치유와 성장의 기회로 바라본다. 이것은 현실에서 쉽게 이루어지지 않지만, 이상적인 방향성을 제시하는 데 의의가 있다.

마지막으로, 이 책은 어른들에게도 중요한 메시지를 던진다. 학생들이 안전한 환경에서 폭력을 방지하고, 발생한 갈등을 해결할 수 있는 방법을 배우는 것이 무엇보다 중요하다는 것이다. 독서를 통해 이런 메시지를 자연스럽게 전달하고, 학생들 스스로 생각할 수 있는 기회를 제공한다는 점에서 『스피릿 베어』는 가치 있는 작품이다.

최근에 학교 폭력에 대한 심각성과 구체적인 사례들이 매스컴을 통해 자주 보도되고 있다. 책의 내용을 넘어, 학생들이 폭력 없는 학교 환경을 만들기 위해 어떻게 해야 할지 아이들과 어른들이 함께 고민해 볼 수 있는 출발점이 되기를 기대한다.

> 한 아이를 키우는 데는 온 마을이 필요하다
> (아프리카 속담)

7. 세대를 이어가는 사랑: 『나의 딸의 딸』(최인호)

　최인호 작가의 『나의 딸의 딸』은 그가 딸을 키우며 겪었던 일들과 손녀와의 시간을 담담하고 따뜻하게 풀어낸 이야기다. 책 속에서 작가는 손녀를 무지개로 알고 살아가는 자신을 그리며, '딸 바보'로서의 면모를 숨기지 않는다. 손녀를 바라보는 애정 어린 시선과 세대를 이어가는 사랑의 이야기는 읽는 이의 마음을 따뜻하게 만든다.

　작가는 책에서 워즈워스의 '무지개'를 극찬한다. 나 역시 중학교 시절 집에 있던 시집 첫 장에서 이 시를 마주했던 기억이 난다. 시의 첫 구절은 아직도 선명하게 떠오르지만, 그 뒤에 이어지는 내용은 흐릿하다. 이따금 그 무지개를 떠올릴 때면 당시의 소년이 품었던 감정들이 새록새록 떠오른다. 어린 시절부터 지금까지, 무지개는 나에게도 늘 지나간 시간과 현재를 이어주는 다리 같은 존재였다.

　작가는 딸과 손녀를 키우며 소소한 일상 속에서 삶의 진리를 발견한다. 어떤 날은 손녀의 웃음 속에서 희망을 보고, 또 어떤 날은 딸과의 대화를 통해 지나온 세월을 되짚는다. 이 책은 특별한 사건보다는 평범한 순간들 속에서 피어나는 사랑의 흔적들을 기록한 작품이다.

　작가가 손녀를 보며 느낀 감정을 읽다 보면, 독자로서 나도 자연스럽게 내 아이들, 부모님과의 시간들을 떠올리게 된다. 딸 바보 작가가 손녀를 보며 무지개라 표현했던 그 마음을 이해하지 못할 이가 있을까.

   최인호의 이 책은 딸과 손녀에 대한 한 가족의 이야기를 넘어, 세대를 이어주는 사랑이 얼마나 중요한지 보여준다. 가족이라는 끈을 통해 전해지는 사랑은 때로는 말로 표현하기 어려울 만큼 깊고 따뜻하다.

   워즈워스의 무지개처럼, 딸과 손녀라는 존재는 작가에게 영원히 사라지지 않을 아름다움이었으리라. 책을 덮으며, 나 역시 가족과 함께한 평범한 순간들이 얼마나 소중한지 다시 한번 깨닫게 되었다. 작가가 기록한 이 이야기들도 결코 특별하지 않아 더욱 특별한, 일상의 소중함을 일깨워 주는 소중한 선물이었다.

1. 존재(存在)와 부재(不在)의 경계에서: 『우주의 구멍』
2. 경이로움 그 자체, 우주: 『코스모스』
3. 하루 속에 담긴 인생: 「빛의 걸음걸이」
4. 눈 뜬 장님이 되지 않기 위해: 『눈먼 자들의 도시』
5. 바다, 그 심연에 대한 탐사 기록: 『우리를 둘러싼 바다』
6. 물질적 안정이 아닌 진짜 삶의 의미: 『빅 픽처』
7. 새로운 비전을 향한 도전: 『유러피언 드림』
8. 창조적 자기중심주의자의 시대: 『보보스』
9. 상상할 수 없는 미래를 준비할 지혜: 『유엔미래보고서 2045』

8장
미래를 위하여:
새로운 시작의 준비

1. 존재(存在)와 부재(不在)의 경계에서: 『우주의 구멍』(K. C. 콜)

K. C. 콜의 『우주의 구멍』은 제목만 봤을 때 블랙홀이나 우주의 생성, 진화에 관한 이야기라고 생각했지만, 읽어보니 그 이상의 철학적이고 과학적인 내용을 담고 있었다. 이 책은 '무'라는 막연한 개념을 수학, 물리학, 철학 등 다양한 시각에서 탐구하며, 우리가 살아가는 우주에 대한 새로운 이해를 제시한다.

책에서 가장 흥미로웠던 부분 중 하나는 수학에서의 '제로(0)' 발견의 중요성을 다룬 부분이다. 수학사에서 '제로'는 단순히 숫자 하나의 발견이 아니라, 존재와 없음 사이의 개념적 경계를 설정하며, 계산과 사고의 방식을 근본적으로 바꿔 놓았다. 이처럼 수학적 '무'의 발견이 중요했던 만큼, 물리학에서의 '무', 즉 진공이나 공간의 개념도 현대 과학과 우주론에서 빼놓을 수 없는 주제다.

우주를 설명할 때 종종 간과되는 진공, 제로 공간, 가상 입자와 같은 개념들이 이 책에서 우주론적으로 재조명된다. 이러한 개념들이 과연 우리의 세계관과 과학적 사고방식에 어떤 영향을 미쳤는지에 대해 저자는 차근차근 탐구한다. 전공자인 나도 지나치기 쉬웠던 진공과 공간의 의미를 새삼 돌아보게 되었고, 이 책은 그 의미를 확장하여 '없음'에 대한 철학적 사유를 유도한다.

책을 읽다 보면 '무'라는 주제가 단순히 과학적 차원에서 끝나지 않고, 존재와 없음에 대한 철학적 질문으로 이어진다. 있음과 없음은 마치 동전의 양면처럼 서로를 필요로 하며, 결국 모든 것이 '없음'에서 비롯되었다는 점은 우주의 근본적인 속성을 다시 생각하게 만든다. 이와 같은 생각은 불교적 개념과도 맞닿아 있다. 책 곳곳에서 등장하는 "색즉시공, 공즉시색"과 같은 불교의 가르침은 물리학적 '무'와 철학적 '없음' 사이의 연관성을 설명한다.

우리가 볼 수 없는 것, 즉 공(空)의 상태에서 모든 것이 시작되었고, 공은 곧 색(色)으로 드러난다는 점은 과학과 철학, 그리고 종교가 만나는 지점처럼 느껴졌다. 이러한 이야기는 '없음'에 대한 우리의 사고가 어떻게 존재하는 모든 것, 나아가 우주 전체를 이해하는 데 기여할 수 있는지를 보여준다. 그리고 "시간과 공간이 과학이론과 철학사상의 복잡하고 아름다운 구조물을 불안하게 떠받치고 있는 토대의 일부"라는 호프만의 말이 기억에 남는다.

『우주의 구멍』은 단순히 과학과 철학의 교차점을 탐구한 책을 넘어, 현대 사회와 미래에 대한 중요한 메시지를 담고 있다. 우리는 '없음'의 개념을 통해 존재의 근본을 되돌아보며, 새로운 시작을 위한 사고의 전환을 준비해야 한다. 과학 기술의 발달로 물질적 풍요를 누리게 되었지만, 그 근본이 되는 진공과 에너지, 있음과 없음의 경계를 이해하는 것은 미래를 위한 필수적인 지혜가 될 것이다.

읽는 내내 책의 깊이에 빠져들면서도, '없음'이란 개념이 우리의 일상과 얼마나 밀접하게 연결되어 있는지 새삼 깨닫게 되었다. 『우주의 구멍』은 과학, 철학, 그리고 종교적 사유를 통합하여 우리가 새로운 시작을 준비할 수 있도록 돕는 특별한 안내서였다.

2. 경이로움 그 자체, 우주: 『코스모스』(칼 세이건)

칼 세이건의 『코스모스』는 우주의 광대함과 인간 존재의 작음을 깨닫게 하는 책이다. 지구상에 있는 모든 모래알들보다 더 많은 별들이 존재하는 거대한 우주에서, 태양계 한구석에 자리한 작은 행성, 이른바 "창백한 푸른 점"인 지구에 이르기까지, 우리가 궁금해하는 코스모스의 신비를 다양한 사진들과 함께 상세하게 소개한다.

이 책을 읽으며 대학 시절 과학사를 교양 과목으로 들었던 기억이 떠올랐다. 그때 문득 "인간이 우주이고, 우주가 인간이 아닐까?"라는 다소 철없는 생각을 했던 적이 있다. 우리의 몸속 세포 하나를 우리 은하계쯤으로 비유할 수 있다면, 우주는 얼마나 광활한 공간일까? 이런 상상을 하며 이 책을 읽으면 더욱 흥미롭다.

『코스모스』는 우주에 관한 과학적 지식만을 전달하는 책이 아니다. 세이건은 과학적 탐구와 우주에 대한 경외감을 동시에 불러일으킨다. 그는 독자들에게 은하와 별들, 그리고 그 안에 담긴 신비로운 내용과 코페르니쿠스, 뉴턴, 아인슈타인이 연구한 위대한 이론들을 차근차근 설명한다. 그러나 이 모든 것을 다루는 그의 태도는 단순한 과학자의 설명에 그치지 않고, 철학자나 시인의 감수성마저 느껴진다.

책을 읽으면서 "우리가 얼마나 작은 존재인지, 그리고 그럼에도 불구하고 얼마나 특별한지"를 깊이 깨닫게 된다. 이 점에서 『코스모스』는 과학적 탐구를 넘어 우리 존재를 다시 돌아보게 만드는 철학적 울림을 준다.

『코스모스』는 과학적 배경지식이 있으면 흥미진진하게 읽을 수 있는 책이다. 그러나 만약 과학적 기초가 부족하다면, 책이 다소 어려울 수 있다. 그럴 땐 잠시 책을 베개 삼아 낮잠을 자도 괜찮다. 책은 충분히 두툼하니 베개로도 제격이다. 나 또한 과학에 대한 호기심 덕분에 이 책을 끝까지 읽을 수 있었지만, 중간중간 너무 깊은 과학적 설명 앞에서 잠시 멈추고 상상을 펼쳤던 기억이 있다.

책을 읽으며 다시 한번 깨달은 것은 우주라는 무한한 공간 속에서 인간이라는 작은 점이 가지는 의미다. 우주 속에 존재하는 미미한 점 같은 우리지만, 그럼에도 우리는 질문하고 탐구하며 우주를 이해하려고 노력한다. 그 과정에서 우리는 자신을 더 잘 이해하게 되고, 우리의 위치와 역할을 생각하게 된다.

경이로움 그 자체였던 우주는 여전히 우리에게는 신비롭고 미지의 세계다. 하지만 이제 그 경이로운 우주가 탐구와 조사, 그리고 거주의 대상으로까지 다가오고 있다. 그 과정에서 인간은 미미한 존재로 머무르지 않고, 조금씩 우주를 자신의 무대로 확장하고 있다. 어쩌면 머지않은 미래, 이 경이로운 우주가 작고 미미한 인간에게 조금 더 가까이 다가올 날이 올지도 모른다는 기대감으로 책을 덮는다.

> 코스모스는 과거에도 있었고, 현재에도 있으며 미래에도 있는 그 모든 것이다.

3. 하루 속에 담긴 인생: 「빛의 걸음걸이」(윤대녕)

윤대녕의 『많은 별들이 한곳으로 흘러갔다』는 여러 단편이 담긴 작품집이지만, 그중에서도 「빛의 걸음걸이」가 가장 기억에 남는다. 시골 툇마루에 앉아 하루를 보내는 어머니의 모습은 일상적인 하루의 이야기를 넘어 인생 전체를 비추는 거울 같았다. 동트는 아침부터 해 질 녘까지의 하루를 마치 인생살이에 비유한 이 이야기는 간결하면서도 아름다운 문체로 강렬한 감동을 준다.

이 단편은 시간의 흐름을 따라 어머니의 하루를 섬세하게 그린다. 아침 햇살에서 시작해 저녁의 고요함으로 끝나는 하루는 인생의 시작과 끝을 떠올리게 한다. 내가 툇마루에 앉아 바로 옆에서 어머니의 하루를 지켜보는 듯한 생생함은 윤대녕의 담백한 문체 덕분이다. 시간의 흐름, 색깔의 변화, 사건의 연결과 대비, 그리고 동서남북이라는 공간의 움직임까지, 모든 요소가 조화를 이루며 이야기를 채운다.

특히, 동에서 떠오르는 해와 서쪽으로 지는 해를 중심으로 펼쳐지는 어머니의 하루는 시간을 숫자로 명확히 구분하지 않고 자연의 변화에 맞춘 편안한 흐름을 강조하는 동양적인 아름다움을 간직하고 있는 것처럼 보인다. 어쩌면 우리는 누구나 이런 하루를 살아가며 자신만의 걸음걸이를 남기고 있는 것인지도 모른다.

이 이야기가 특별한 이유는 시간의 흐름으로만 하루를 묘사한 데 있지 않다. 시간과 공간, 그리고 사건의 절제된 연결은 우리에게 삶이란 무엇인지 묻는다. 하루는 짧지만, 그 안에는 수많은 사건과 선택, 감정과 성찰이 담겨 있다. 어머니의 하루는 우리 삶의 축소판처럼 보인다. 그리고 그 하루를 담담하게 걸어가는 모습은 인생의 길을 준비하는 우리에게 많은 것을 시사한다.

이 단편을 읽으며 문득 떠오른 것은, '급속하게 변화하는 현대 사회 속에서 우리의 하루를 어떻게 살아가야 할까'라는 질문이다. 지금 우리는 미래를 준비한다는 명목으로 현재를 놓치고 있는 건 아닐까? 하루라는 단위를 소중히 여기고, 그 하루 속에서 자신의 빛을 찾는 것이야말로 진정한 미래를 위한 준비가 아닐까 생각해 본다.

윤대녕의 이 작품은 단순한 서술을 넘어 우리 삶의 본질을 묻는다. 어머니가 걸었던 빛의 걸음걸이는 바로 우리가 나아갈 방향을 가리키고 있다. 하루하루를 충실히 살아가는 자세가 미래로 향하는 첫걸음이라는 것을, 이 작품은 절제된 아름다움으로 일깨워 준다.

4. 눈 뜬 장님이 되지 않기 위해:
『눈먼 자들의 도시』(주제 사라마구)

포르투갈 출신 작가 주제 사라마구의 『눈먼 자들의 도시』는 처음 읽는 순간부터 강렬한 인상을 받았던 책이다. 작품의 설정 자체가 충격적이면서도 은유적이다. 갑작스럽게 퍼지는 '백색 실명'이라는 현상은 단순히 시력을 잃는 이야기가 아니라, 우리 내면의 '보지 않으려는' 눈먼 상태를 은유한다.

책을 읽는 동안 계속해서 "진정 우리는 눈 뜬 장님이 아닌가?"라는 생각이 머리를 떠나지 않았다. 작가는 눈이 보이는 것과 진정으로 '본다'는 것 사이의 간극을 날카롭게 파헤친다. 한 구절이 유독 마음에 깊이 남았다.
"나는 우리가 처음부터 눈이 멀었고, 지금도 눈이 멀었다고 생각해요. 볼 수는 있지만, 보지 않은 눈먼 사람들이라는 거죠."
우리는 무엇을 보며, 무엇을 외면하고 있는가? 우리의 일상에서, 관계에서, 사회적 문제들 속에서 과연 우리는 무엇을 진정으로 '보고' 있는지 이 책은 끊임없이 질문을 던진다.

『눈먼 자들의 도시』는 단순한 이야기를 넘어, 현대 사회의 문제를 날카롭게 비추는 거울과도 같다. 기술의 발전, 정보의 홍수 속에서 우리는 점점 더 많은 것을 볼 수 있게 되었지만, 정작 중요한 것들은 놓치고 있다. 마치 눈 뜬 장님처럼, 보이는 것만 보며 보지 않아도 될 것을 외면한다.

이 책은 우리에게 눈으로 '본다'는 행위의 중요성을 넘어, 무엇을 봐야 하는지, 어떻게 봐야 하는지를 묻는다. 사유의 폭과 깊이를 넓히는 것이야말로 진정한 시력을 되찾는 방법일 것이다. 현대 사회의 빠른 속도와 얕은 사고 속에서 우리는 점점 더 '눈먼 상태'로 살아가는 듯하다. 하지만 이 작품은 우리에게 다시 한번 진정으로 볼 수 있는 능력을 회복하라고, 그리고 그렇게 본 것을 행동으로 옮기라고 다그친다.

『눈먼 자들의 도시』는 시각적으로 눈이 멀었다는 이야기가 아니라, 우리가 처음부터 눈먼 상태로 살아왔음을 일깨운다. 이 작품은 미래를 위한 준비가 단순히 새로운 기술과 도구를 받아들이는 것뿐만 아니라, 우리 자신과 세상을 제대로 '보는' 데서 시작된다는 것을 강렬하게 전달한다.

5. 바다, 그 심연에 대한 탐사 기록:
   『우리를 둘러싼 바다』(레이첼 카슨)

중학교 시절, 작은 시골 학교 도서관에서 우연히 접한 바다 탐사에 관한 책이 나에게 강렬한 인상을 남겼다. 그 책이 단행본이었는지 월간지 사이언스의 일부였는지는 정확히 기억나지 않지만, 당시 허름한 창고 같은 도서관에서 먼지가 쌓인 책을 읽던 기억은 여전히 선명하다.

책은 첨단 장비와 탐사선을 이용한 바다 탐사 이야기를 다루고 있었다. 특히 마리아나 해구와 같은 심해 탐사를 다룬 부분은 나에게 신선한 충격과 감동이었다. 책 속에서 최초의 핵 추진 심해 탐사선인 노틸러스호의 이름을 알게 되었고, 그것은 단순한 탐사선 이상의 의미로 다가왔다. 그 이름은 이후에도 내 기억 속에서 선명히 자리 잡았다. 아마도 집에서 바다가 가까워서 관심이 더 있었을 것이다.

레이첼 카슨의 『우리를 둘러싼 바다』는 그 시절의 추억을 다시 불러왔다. 책은 바다의 얕은 곳부터 심해저까지의 생태와 탐사 역사를 풍부하게 담고 있다. 전문적인 내용이 많아 다소 어려울 수도 있지만, 나에게는 어린 시절로 돌아가게 하는 시간 여행 같은 책이었다. 그 시절, 작고 낡은 도서관의 한쪽에서 책장을 넘기며 느꼈던 그 바다의 냄새와 심해로 떠나는 무한한 상상의 나래는 지금도 잊히지 않는다.

지금은 과학 기술이 발전하면서 심해 탐사도 더 정교해지고 있다. 핵추진 탐사선의 등장으로 인간이 바다의 미지의 영역에 발을 들이게 된 것처럼, 앞으로도 바다는 우리에게 새로운 가능성과 경이로움을 선사할 것이다.

그 옛날 까까머리 중학생으로서 바다의 이야기를 접했던 기억은, 지금도 내가 세상을 바라보는 방식에 영향을 미치고 있다. 이 책은 과거와 현재, 그리고 미래의 바다를 연결하며 우리의 호기심과 탐구 정신을 다시금 일깨우는 소중한 작품이다.

6. 물질적 안정이 아닌 진짜 삶의 의미:
『빅 픽처』(더글라스 케네디)

더글라스 케네디의 『빅 픽처』는 현재의 "나"가 아닌 진정한 "나"를 찾고 싶은 우리의 삶과 선택, 그리고 물질적 안정에 대한 깊은 성찰을 담고 있다. 각기 다른 색깔과 소재의 옷을 두고 무엇을 입을지 고민하는 이야기는 우리 모두가 삶에서 맞닥뜨리는 선택의 순간들을 상징한다. 헌사 페이지에 이솝의 말을 인용하며 시작한다. "그림자를 붙잡느라 실체를 잃지 않도록 조심하라."

책 속에서 벤과 게리라는 인물은 누구나 한 번쯤 해보았을 법한 고민들을 대변한다. 삶의 비상을 꿈꾸지만, 스스로 축적해 온 의무와 책임의 무게에 발목 잡혀 한곳에 머무르는 모습은 어쩌면 우리 모두의 이야기일지 모른다.

누구나 떠나고 싶어 하지만, 그 자리에서 쌓아온 물질적 안정과 익숙함에서 쉽게 벗어나지 못한다. 책의 주인공 벤이 마지막으로 떠나기 전, 주방에 앉아 주변의 물건들을 멍하니 바라보는 장면은 깊은 여운을 남긴다. 주방의 흰 벽, 조리대, 냉장고에 붙어 있는 알림장까지, 모든 사소한 것들이 자신의 삶을 채우고, 동시에 자신을 얽매고 있음을 깨닫는 순간이다.

우리는 물질적 안정이라는 미명 아래 축적의 과정을 이어간다. 그러나 이 축적이 과연 진정한 안정인지, 아니면 단지 소멸의 두려움을 감추기 위한 눈가림인지 책은 끊임없이 묻는다. 스스로 만들어낸 안정과 영원함의 환상이 언젠가는 깨어지고, 결국 모든 것을 두고 떠나야 한다는 진실이 다가온다. 책은 삶이란 물질적 안정에 집착하며 축적해 온 것들이 아니라, 그 모든 것을 두고 떠날 준비를 하는 과정이라는 사실을 일깨우고 있는 것이다.

이 책은 물질적 축적이 아닌 진정한 삶의 의미를 찾는 새로운 시작을 이야기한다. 지금 우리가 쌓아온 삶의 무게와 물질적 안정의 껍질 속에서도, 여전히 자유와 새로운 시작을 향한 가능성은 존재한다.

결국, 인생의 문이 닫히는 날, 우리를 남길 것이 무엇인지 고민하는 것은 단지 벤의 이야기가 아니라 우리 모두가 스스로에게 던져야 할 질문이다. "무엇을 위해 살고 있는가?"라는 질문은 어쩌면 인생의 문을 닫기 전에 새로운 문을 열 준비를 하게 하는 힘일지 모른다.

> 누구나 인생의 비상을 갈망한다. 그러면서 스스로를 가족이라는 덫에 더 깊이 파묻고 산다.

7. 새로운 비전을 향한 도전:
『유러피언 드림』(제러미 리프킨)

제러미 리프킨의 『유러피언 드림』은 아메리칸드림이 과거의 패러다임으로 머무르는 오늘날, 미래를 열어갈 새로운 비전으로 '유러피언 드림'을 제안한다. 이 책은 노무현 전 대통령이 서거 직전까지 읽었던 책으로도 알려지며 더욱 주목받았다.

아메리칸드림은 개인의 자율성과 부의 축적을 중심으로 하고, 스스로 운명을 개척하려는 미래 지향적 사고를 바탕으로 한다. 하지만 리프킨은 이러한 개념이 급변하는 현대 사회에서 한계를 드러내고 있다고 주장한다. 대신 유러피언 드림은 공동체와 삶의 질, 다양성, 지속 가능성에 기반한 새로운 패러다임으로 자리 잡고 있다.

리프킨은 유러피언 드림의 핵심을 "관계"와 "포용성"으로 정의한다. 과거 유럽은 자본주의의 성장과 함께 복지국가라는 대타협을 통해 계급 간 갈등을 조정해 왔다. 시장 자본주의에서 발생하는 과도한 부를 재분배하며 사유재산 제도를 유지하는 복지국가는, 유럽 사회를 거리 혁명이나 노골적인 투쟁으로부터 지켜주는 역할을 했다.

이러한 유럽의 타협 정신은 단순한 부의 균형을 넘어, 문화유산을 보존하고 높은 삶의 질을 유지하며 지속 가능한 미래를 지향하는 유러피언 드림으로 발전했다. 이는 아메리칸드림이 과거를 잊고 미래만을 향해 나아가는 데 반해, 과거, 현재, 미래를 통합적으로 바라보는 시간 개념을 기반으로 한다.

유러피언 드림은 아메리칸드림과는 다른 야심을 품고 있다. 이 꿈은 문화적 다양성을 존중하며, 환경 보전을 염두에 둔 개발, 그리고 평화로운 세상을 건설하는 포괄적인 정치 체제를 지향한다. 하지만 리프킨은 유러피언 드림이 실현되기 위해서는 27개국 약 5억 명을 하나로 결속시킬 강력한 사회적 접착제가 필요하다고 지적한다.

이 접착제는 지리적인 영토나 국가를 중심으로 한 기존의 사회적 유대를 넘어서는 강력한 비전이어야 한다. 유러피언 드림은 다원적 협력과 보편적 인권, 지속 가능성을 바탕으로 한 새로운 시대를 열어갈 수 있는 등대 역할을 할 수 있다.

우리는 지금도 많은 사회적, 환경적 도전 앞에 서 있다. 유러피언 드림이 제시하는 이상은 더 나은 경제적 풍요를 넘어, 삶의 질과 공동체적 가치를 중심으로 한 새로운 문명을 향한 초대장이다.

"목숨을 바칠 가치가 있는 꿈"이었던 아메리칸드림에서 이제 "삶을 추구할 가치가 있는 꿈"인 유러피언 드림으로의 전환이 이루어지는 시점, 우리는 개인과 공동체, 그리고 자연이 조화를 이루는 새로운 미래를 상상할 수 있다. 이 비전은 어느 한 대륙만의 꿈이 아닌, 우리가 나아가야 할 전 지구적 방향성을 제시한다.

> 유러피언 드림은 개인의 자유보다 공동체의 관계를, 동화보다 문화적 다양성을, 부의 축적보다 삶의 질을, 무제한적 발전보다 환경을 고려한 개발을 강조한다.

8. 창조적 자기중심주의자의 시대: 『보보스』(데이비드 브룩스)

데이비드 브룩스의 『보보스』는 새로운 시대의 엘리트 계급, 즉 '보보스'를 조명하며 현대 사회를 지배하는 문화적, 경제적 변화를 탐구한다. 60년대의 히피와 80년대의 여피를 지나, 21세기는 보보스의 시대다. 정보화 시대의 핵심은 지적 자본과 문화적 창의력이다. 보보스는 창의성과 야망을 결합한 새로운 계급으로, 보헤미안의 자유로운 영혼과 부르주아의 실용성을 동시에 품고 있다.

이들 보보스는 우리가 숨 쉬는 공기처럼 현대 사회를 형성하며, 도덕적 계율과 삶의 방향을 제시한다. 이들은 새로운 기득권층이지만, 경제적인 부와 권력을 지향하는 기성세대의 졸부들과는 다르다. 그들은 끊임없이 창조적 실험을 시도하고, 자신들의 능력을 최대한으로 발휘하는 것을 최고의 덕목으로 삼는다.

보보스의 가장 큰 특징은 "고상한 자기중심주의"다. 이는 자신을 위한 노력이 물질적 축적을 넘어, 창의적이고 영적인 욕구를 충족시키는 데 초점을 맞춘다. 그들은 직업을 선택할 때도 경제적 보상만을 기준으로 삼지 않는다. 대신, 직업이 영적으로 충만하고, 사회적으로 건설적이며, 감정적으로 풍요롭고, 끊임없이 도전적인지 여부를 중시한다.

이러한 삶의 철학은 보보스가 단순한 물질주의자가 아닌, 자기 계발과 자아실현을 중요시하는 창조자로 자리매김하게 한다. 그러나 풍요로운 삶 속에서도 보보스는 고민에 휩싸인다.

'어떻게 야망을 잃지 않으면서도 영혼을 지킬 수 있을까?'
'물질적 안정과 가족의 안정을 어떻게 조화시킬 수 있을까?'
'사회의 최상층에 살면서도 어떻게 속물이 되지 않을 수 있을까?'

보보스의 고민은 외형적인 성공의 방정식이 아니라, 성공과 내적 충만함을 어떻게 결합할지에 대한 실존적 질문이다.

보보스는 죽어라고 일만 하는 근로자가 아니다. 그들은 창조자이며, 자신을 탐구하고, 세상에 기여하며, 끊임없이 새로운 의미를 찾는다. 지루함이 닥치면 과감히 떠날 용기를 가지며, 새로운 도전을 통해 자기 자신을 재발견한다.

미래는 보보스처럼 개인의 창의성과 영적 성장을 바탕으로 사회와의 조화를 추구하는 방향으로 나아가야 한다. 그들은 단순히 자신만의 성취를 넘어, 주변 세계와 공존하며 새로운 시대를 열어간다. 현대 사회에서 우리가 어떤 방향으로 나아가야 할지 고민할 때, 보보스의 철학은 흥미로운 영감과 실마리를 제공한다.

21세기를 살아가는 우리는 보보스의 방식을 통해 개인의 성취와 사회적 기여를 조화시키며, 창의적이고 지속 가능한 미래를 꿈꿀 수 있다. 이는 단순한 성공을 넘어선 "새로운 시작의 준비"로, 우리에게 깊은 시사점을 던져준다.

9. 상상할 수 없는 미래를 준비할 지혜: 『유엔미래보고서 2045』(제롬 글렌, 테드 고든, 박영숙)

『유엔미래보고서 2045』는 미래를 고민하고 공유하려는 시도로, 앞으로 29년 후의 세상을 전망한 책이다(출간 당시인 2016년 기준으로). 이 책의 핵심은 인간과 기계의 경계가 사라지는 '특이점(Singularity)'의 도래다. 2045년, 기계는 인간 지능을 보조하거나 대체할 정도로 발전할 것이며, 이 변화를 기점으로 인간의 생활은 되돌릴 수 없을 만큼 변화될 것이라 예측한다.

특이점은 기술 발전의 속도가 기하급수적으로 증가하면서 인간이 그 변화의 방향을 더 이상 인지하거나 예측할 수 없는 시점을 의미한다. 이는 단순히 과학적 공상이나 환상이 아닌, 현재의 기술적 흐름과 발전 속도를 바탕으로 한 미래학자들의 일치된 의견이다.

몇 해 전, 인공지능 알파고가 프로 바둑 기사 이세돌을 꺾으며 전 세계를 놀라게 했다. 그 사건은 인공지능의 놀라운 가능성을 대중에게 각인시켰고, 동시에 인간의 직관과 창의성의 영역이 기계에 의해 도전받고 있음을 보여주었다. 이는 알파고의 기술적 승리를 넘어, 특이점 시대의 초입을 실감하게 한 순간이었다. 또한, 인공지능 컴퓨터가 암 진단과 같은 의료 분야에서 활용되기 시작하며, 기술이 인간의 삶을 어떻게 보조하고 확장할 수 있는지 보여주었다. 이러한 변화들은 앞으로 29

년 동안 기계가 인간의 능력을 보조하거나 대체하는 방식을 더욱 구체화할 것이다.

이제 생성형 AI가 우리 삶의 깊숙한 곳까지 스며들고 있다. 마치 촛불을 사용하던 시대에서 전기와 스마트폰의 시대로 변화한 것처럼, 머지않아 AI 역시 일상과 산업 전반에 상상조차 할 수 없는 변화를 가져올 것이다.

2045년 이후의 세상은 현재 우리의 인식으로는 예측할 수 없는 범위에 속한다. 인간과 기계의 협력은 단순하고 반복적인 보조 업무를 넘어 새로운 형태의 사회와 경제, 그리고 삶의 방식을 창출할 것이다. 이는 기회와 동시에 도전을 의미한다. 기술의 통제와 활용, 그리고 인간성의 유지라는 문제는 우리의 가장 큰 과제가 될 것이다.

『유엔미래보고서 2045』는 우리에게 미래를 준비할 지혜를 요구한다. 특이점의 도래는 인간이 기술에 의해 지배당할 것이라는 공포보다는, 새로운 가능성을 열어줄 열쇠로 봐야 할 것이다. 지금 우리가 준비하지 않으면, 2045년 이후의 세상은 우리에게 두려움과 혼란으로 다가올 것이다.

2045년이 되었을 때, 나는 여전히 손에 펜을 들고 글을 쓰고 있을까? 아니면 인공지능이 대신 나의 글을 써줄까? 어떤 모습이든, 우리는 다가올 미래를 위한 상상력과 준비를 통해 인간의 역할을 다시 정의해야 한다. 『유엔미래보고서 2045』는 그 길로 가는 나침반 중의 하나가 되리라.

에필로그

"진인사대천명(盡人事待天命)"

오랫동안 내 삶의 좌우명으로 삼아왔던 문구였다. 언제나 최선을 다한 후 하늘의 뜻을 기다리는 태도로 살아왔기에, 이 문장은 나에게 삶의 이정표와도 같았다.

그러나 이 책을 집필하는 과정에서 나의 삶의 방향성도 조금씩 변해 갔다. 인문학, 사회학, 철학 분야의 책들을 하나하나 읽고 정리하면서, 그리고 그 속에서 얻은 통찰을 내 삶에 적용하면서 나는 새로운 문구들로 나를 정의하게 되었다.

"수처작주 입처개진(隨處作主 立處皆眞)"
어떤 상황에서도 자기 마음의 주인이 되어 주체적으로 살아간다면, 어디에 있든 그 자리가 참되고 행복한 곳이다.

"검이불루 화이불치(儉而不陋 華而不侈)"
검소하되 누추하지 않고, 화려하되 사치스럽지 않다.

이제는 단순히 결과를 하늘에 맡기기보다, 내가 서 있는 자리에서 스스로 삶의 주인이 되기로 결심했다. 아울러 검소함과 우아함 사이에서 균형을 이루며 참된 행복을 추구하고자 한다.

이 모든 변화의 과정에서 나를 가장 크게 지지해 준 사람은 바로 아내였다. 아내는 내가 흔들릴 때마다 묵묵히 나를 붙잡아 주었고, 조용하지만 따뜻한 응원으로 이 길을 함께 걸어주었다. 그녀가 없었다면 이 책은 결코 세상에 나오지 못했을 것이다.

그래서 올해 크리스마스에는 이런 마음을 담아 아내에게 특별한 메시지를 전하고 싶다.

"고린도전서에서
믿음, 소망, 사랑, 이 세 가지는 항상 있으며
그중에 제일은 사랑이라고 했는데,

당신은 언제나 나의 영원한 믿음이며,
다음 생에도 당신과 함께하기를 소망하며,
당신은 변하지 않는 나의 사랑입니다."

아내와 함께 걸어온 길은 나에게 가장 큰 축복이었으며, 앞으로도 그 축복이 계속될 것이라 믿는다. 이제 그녀와 함께 새로운 마음가짐으로 더 깊고 진실된 삶을 만들어가고자 한다.

이 책은 내가 읽은 책들의 기록을 넘어, 삶의 궤적을 담은 고백이자 선언이다. 그리고 그 여정에서 가장 중요한 동반자인 아내와 함께 나아갈 새로운 방향의 시작점이기도 하다.

나뿐만 아니라 이 책을 끝까지 읽어 준 독자들 역시, 각자의 삶이라는 책을 하루하루 써 내려가며, 그 페이지가 더욱 빛나고 의미로 가득 차기를 바란다.

참고 문헌

『오직 독서뿐』, 정민 지음, 김영사, 2013
『나는 읽는다』, 문정우 지음, 시사IN북, 2013
『광화문에서 읽다 거닐다 느끼다』, 광화문글판 문안선정위원회, 교보문고, 2015
『참을 수 없는 존재의 가벼움』, 밀란 쿤데라 지음, 이재룡 옮김, 민음사, 2018
『미생』, 윤태호 지음, 위즈덤하우스, 2013
『정의란 무엇인가』, 마이클 샌델 지음, 이창신 옮김, 김영사, 2010
『계급에 대해 말하지 않기』, 벨 훅스 지음, 이경아 옮김, 모티브북, 2008
『철학의 진리나무』, 안광복 지음, 궁리, 2007
『아무도 미워하지 않는 자의 죽음』, 잉게 숄 지음, 송용구 옮김, 평단, 2012
『칼의 노래』, 김훈 지음, 문학동네, 2012
『그리스인 조르바』, 니코스 카잔차키스 지음, 이윤기 옮김, 열린책들, 2008
『감옥으로부터의 사색』, 신영복 지음, 돌베개, 1998
『책은 도끼다』, 박웅현 지음, 북하우스, 2011
『인간이 그리는 무늬』, 최진석 지음, 소나무, 2013
『철학하는 김과장』, 태기석 지음, 두리미디어, 2010

『사표의 이유』, 이영롱 지음, 서해문집, 2015
『소금』, 박범신 지음, 한겨레출판, 2013
『우리는 언젠가 죽는다』, 데이비드 실즈 지음, 김명남 옮김, 문학동네, 2010
『매달린 절벽에서 손을 뗄 수 있는가?』, 강신주 지음, 동녘, 2014
『나는 빠리의 택시 운전사』, 홍세화 지음, 창비, 2006
『돈으로 살 수 없는 것들』, 마이클 샌델 지음, 안기순 옮김, 와이즈베리, 2012
『수레바퀴 아래서』, 헤르만 헤세 지음, 김이섭 옮김, 민음사, 2001
『페스트』, 알베르 카뮈 지음, 김화영 옮김, 민음사, 2011
『악역을 맡은 자의 슬픔』, 홍세화 지음, 한겨레출판, 2002
『코끼리는 생각하지 마』, 조지 레이코프 지음, 유나영 옮김, 와이즈베리, 2015
『나미야 잡화점의 기적』, 히가시노 게이고 지음, 양윤옥 옮김, 현대문학, 2012
『자유론』, 존 스튜어트 밀 지음, 박문재 옮김, 현대지성, 2018
『타인의 고통』, 수전 손택 지음, 이재원 옮김, 이후, 2004
『연을 쫓는 아이』, 할레드 호세이니 지음, 왕은철 옮김, 현대문학, 2010
『지식인을 위한 변명』, 사르트르 지음, 박정태 옮김, 이학사, 2007
『아Q정전·광인일기』, 루쉰 지음, 정석원 옮김, 문예출판사, 2006
『내 인생 한 권의 책』, 조희연 지음, 경향신문사, 2010
『정재승의 과학 콘서트』, 정재승 지음, 어크로스, 2020
『지적생활의 발견』, 와타나베 쇼이치 지음, 김욱 옮김, 위즈덤하우스, 2011

『탐독』, 이정우 지음, 아고라, 2016
『김상욱의 과학공부』, 김상욱 지음, 동아시아, 2016
『조선왕릉 잠들지 못하는 역사 1, 2』, 이우상 지음, 다할미디어, 2014
『나의 문화유산답사기 1, 3』, 유홍준 지음, 창비, 2011
『귀족의 은밀한 사생활』, 이지은 지음, 지안, 2012
『자본주의 역사 바로 알기』, 리오 휴버먼 지음, 장상환 옮김, 책벌레, 2000
『역사와 문화로 읽는 나무사전』, 강판권 지음, 글항아리, 2010
『내 이름은 빨강 1, 2』, 오르한 파묵 지음, 이난아 옮김, 민음사, 2019
『아메리카나이제이션』, 김덕호, 원용진 엮음, 푸른역사, 2008
『한국, 한국인 비판』, 아케하라 마모루 지음, 중앙M&B, 1999
『백범일지』(초판본), 김구 지음, 지식인하우스, 2016
『한국과 그 이웃 나라들』, 이사벨라 버드 비숍 지음, 이인화 옮김, 살림, 1994
『지루한 사람과 어울리지 마라』, 제임스 듀이 왓슨 지음, 김명남 옮김, 이레, 2009
『아주 작은 것을 기다리는 시간』, 황주환 지음, 생각의나무, 2011
『바람의 그림자 1, 2』, 카를로스 루이스 사폰 지음, 정동섭 옮김, 문학동네, 2012
『어린 왕자』, 생텍쥐페리 지음, 황현산 옮김, 열린책들, 2015
『나의 라임 오렌지나무』, 바스콘 셀로스 지음, 박동원 옮김, 동녘, 2003
『스피릿 베어』, 벤 마이켈슨 지음, 정미영 옮김, 양철북, 2008
『나의 딸의 딸』, 최인호 지음, 여백, 2020
『우주의 구멍』, K. C. 콜 지음, 김희봉 옮김, 해냄, 2002

『코스모스』, 칼 세이건 지음, 홍승수 옮김, 사이언스북스, 2006
『많은 별들이 한곳으로 흘러갔다』, 윤대녕 지음, 생각의 나무, 2005
『눈먼 자들의 도시』, 주제 사라마구 지음, 정영목 옮김, 해냄, 2002
『우리를 둘러싼 바다』, 레이첼 카슨 지음, 이충호 옮김, 양철북, 2003
『빅 픽처』, 더글라스 케네디 지음, 조동섭 옮김, 밝은세상, 2010
『유러피언 드림』, 제러미 리프킨 지음, 이원기 옮김, 민음사, 2005
『보보스』, 데이비드 브룩스 지음, 형선호 옮김, 동방미디어, 2001
『유엔미래보고서 2045』, 박영숙, 제롬 글렌, 테드 고든 지음, 교보문고, 2015

추천 도서

『후불제 민주주의』, 유시민 지음, 돌베개, 2009
『철학 광장』, 김용석 지음, 한겨레출판, 2010
『한국 전쟁의 기원』 시리즈, 브루스 커밍스 지음, 김범 옮김, 글항아리, 2023
『궁궐의 우리 나무』, 박상진 지음, 눌와, 2014
『세종처럼』, 박현모 지음, 미다스북스, 2012
『21세기 자본』, 토마 피케티 지음, 장경덕 외 옮김, 글항아리, 2014
『THE SILENT WORLD(더 싸일런트 월드)』, 이브 쿠스토 지음, 김풍등 옮김, 스쿠바미디어, 2004
『만델라스 웨이(Mandela's Way)』, 넬슨 만델라 지음, 박영록 옮김, 문학동네, 2010
『왜 가난한 사람은 부자를 위해 투표하는가』, 토마스 프랭크 지음, 김병순 옮김, 갈라파고스, 2012
『나는 왜 기독교인이 아닌가』, 버트런드 러셀 지음, 사회평론, 2005
『대화』, 리영희 지음, 한길사, 2005
『마르크스와 함께 A학점을』, 버텔 올먼 지음, 김한영 옮김, 모멘토, 2012
『이 폐허를 응시하라』, 레베카 솔닛 지음, 정해영 옮김, 펜타그램, 2012
『헌법의 풍경』, 김두식 지음, 교양인, 2011

『쓰잘데없이 고귀한 것들의 목록』, 도정일 지음, 문학동네, 2014
『메디슨 카운티의 다리』, 로버트 제임스 윌러 지음, 공경희 옮김, 시공사, 2002
『만들어진 신』, 리처드 도킨스 지음, 이한음 옮김, 김영사, 2007
『우리는 더 많은 민주주의를 원한다』, 유시주, 이희영 지음, 창비, 2007
『세계화의 덫』, 페터 마르틴, 하랄드 슈만 지음, 강수돌 옮김, 영림카디널, 2003
『이기적 유전자』, 리처드 도킨스 지음, 홍영남, 이상임 옮김, 을유문화사, 2010
『진보와 빈곤』, 헨리 조지 지음, 김윤상 외 옮김, 살림, 2008
『중세 최대의 연애사건』, 에버하르트 호르스트 지음, 모명숙 옮김, 생각의나무, 2005
『완장』, 윤흥길 지음, 현대문학, 2011
『철학 콘서트』 시리즈, 황광우 지음, 생각정원, 2017
『이슬람 전사의 탄생』, 정의길 지음, 한겨레출판, 2015
『사회 계약론』, 장자크 루소 지음, 이재형 옮김, 문예출판사, 2013
『이반 데니소비치, 수용소의 하루』, 알렉산드르 솔제니친 지음, 이영의 옮김, 민음사, 1998
『난장이가 쏘아올린 작은 공』, 조세희 지음, 이성과힘, 2024
『이희수의 이슬람』, 이희수 지음, 청아출판사, 2021
『하멜 표류기』, 핸드릭 하멜 지음, 유동익 옮김, 더스토리, 2020
『진보의 미래』, 노무현 지음, 돌베개, 2019
『사피엔스』, 유발 하라리 지음, 조현욱 옮김, 김영사, 2023
『군주론』, 니콜로 마키아벨리 지음, 이시연 옮김, 더클래식, 2018

『시골빵집에서 자본론을 굽다』, 와타나베 이타루 지음, 정문주 옮김, 더숲, 2014
『국가는 왜 실패하는가』, 아세모글루, 로빈슨 지음, 최완규 옮김, 시공사, 2023
『죽음의 수용소에서』, 빅터 플랭클 지음, 이시형 옮김, 청아출판사, 2020
『플라톤의 국가』, 플라톤 지음, 최광열 옮김, 아름다운날, 2014
『국화와 칼』, 루스 베네딕트 지음, 이종인 옮김, 연암서가, 2019
『생각의 지도』, 리처드 니스벳 지음, 최인철 옮김, 김영사, 2004
『털 없는 원숭이』, 데즈먼드 모리스 지음, 김석희 옮김, 문예춘추사, 2020
『미학 오디세이』 시리즈, 진중권 지음, 휴머니스트, 2014
『세종교 이야기』, 홍익희 지음, 행성B, 2020
『도시는 무엇으로 사는가』, 유현준 지음, 을유문화사, 2015
『페르마의 마지막 정리』, 사이먼 싱 지음, 박병철 옮김, 영림카디널, 2022
『탁월한 사유의 시선』, 최진석 지음, 21세기북스, 2018
『프레임』, 최인철 지음, 21세기북스, 2021
『오래된 미래』, 헬레나 노르베리 호지 지음, 양희승 옮김, 중앙북스, 2015
『전태일 평전』, 조영래 지음, 아름다운전태일, 2020
『돈키호테 1, 2』, 세르반테스 지음, 안영옥 옮김, 열린책들, 2014
『철학은 어떻게 삶의 무기가 되는가』, 야마구치 슈 지음, 김윤경 옮김, 다산초당, 2019
『침묵의 봄』, 레이첼 카슨 지음, 김은령 옮김, 에코리브르, 2024